누구나 쉽게 배우는

행복한 꽃차 만들기

❀ ❀ ❀

글 · 사진

이영득_ 숲에서 노는 걸 좋아하는 동화 · 생태 작가다. 숲 강의를 하며 스미듯 번지듯 자연 사랑을 퍼뜨린다. 펴낸 동화책은 《할머니 집에서》 《오리 할머니와 말하는 알》 《강마을 아기 너구리》 《봄 숲 놀이터》, 자연 책은 《풀꽃 친구야 안녕?》 《주머니 속 풀꽃 도감》 《주머니 속 나물 도감》 《산나물 들나물 대백과》 《내가 좋아하는 풀꽃》 《내가 좋아하는 물풀》 《숲에서 놀다》 《새콤달콤 딸기야》 등이 있다.

고찬균_ 자연이 좋아 경주시 산내면 산속에서 살며 꽃, 잎, 가지, 뿌리, 열매 등 풀과 나무에서 얻은 것으로 차를 연구하고 만든다. 한국꽃차문화협회 회원으로, 강의를 하며 많은 사람들한테 꽃차를 알리는 데 힘쓰고 있다. EBS-1TV 〈한국 기행〉(경주 편), KBS-1TV 〈6시 내 고향〉 〈아침 마당〉(부산 편), 채널A 〈新 대동여지도〉 등에 출연했다.

제다 도운 사람

송영은 · 송다은

감수

노승일_ 원광대학교에서 한약학 박사 학위를 취득했으며, 현재 '동인당한약방'을 운영한다.

누구나 쉽게 배우는

행복한 꽃차 만들기

글·사진 이영득 고찬균 | 감수 한약학 박사 노승일

황소걸음
Slow & Steady

머
리
말

꽃차는 자연을 담은 그릇이다.
찻잔에 피는 꽃이다.
계절을 불러내는 시간 여행이다.

자연은 풀과 나무를 품어 가꾼다. 차를 만들기 위해 우리가 모시는 꽃, 잎, 가지, 뿌리, 열매 등은 풀과 나무가 스스로 목숨을 이어가는 생명의 일부이며, 뭇 생명의 터전이다. 숲에서 차 재료를 모시는 일은 그래서 늘 조심스럽다. 꽃, 잎, 가지, 뿌리, 열매 등 재료를 모실 때는 자연에 감사한 마음으로 예를 갖추고, 표가 나지 않게 솎는다. 넘치는 것보다 모자란 듯 준비하는 게 자연의 복을 귀하게 누리는 방법이다. 자연에 깃들어 살아가는 수많은 생명에 대한 예의이며, 결코 욕심을 낼 수 없는 까닭이다.

차 재료를 모시기 전에 할 일이 있다. 자연을 배우는 일이다. 풀과 나무와 여러 생명의 기운을 느끼고, 생명을 품어 가꾸는 흙의 기운에 감사하는 일이다.

숲에서 맑은 바람 마시며 새소리 듣고 놀다 보면 어느새 몸과 마음에 자연의 생기가 채워진다. 꽃을 덖고 차를 마시는 시간은 참살이(well-being)를 하면서 자신을 치유(healing)하는 시간이다. 스스로 꽃이 되는 시간이다.

숲에 깃들어 살아가는 생명은 그야말로 자연스럽다. 수많은 생명이 맞물려 살아가는데 탈이 나지 않는다. 살기 위해 당당하게 경쟁하면서도 평화롭다. 그게 자연이다. 그래서 늘 감사하며 자연에서 생기를 받아들이는 일이 차를 덖고 마시는 일보다 앞서며, 위에 있다.

자연을 배운 뒤 정성껏 덖은 차를 대접하는 일은 다른 사람을 자연처럼 귀하게 대접하는 일이다. 자신을 대접하는 일이다. 이 책은 누구나 따라 하기 쉽게 사진과 설명을 풍부하게 실었다. 여러 가지로 도와준 많은 분들한테 감사드린다.

덖을수록 짙어지는 빛깔!
덖을수록 깊어지는 향기!
덖을수록 가벼워지는 무게!

꽃한테 배우는 덕목이다. 자연을 모시고 덖는 손길이 늘 겸손하고 향기롭기를 소망한다.

하늘이 참 맑은 날
글쓴이

차 례

 꽃차 · 잎차

 # 약차

꽃차·잎차
만들기에
앞서

1. 지켜야 할 것

[예의를 지키며 한다]

꽃과 잎 등 재료를 모실 때는 자연의 기운을 받으며 감사한 마음으로 한다. 자연에 간 손님으로 예를 갖추고, 표가 나지 않게 솎는다. 넘치는 것보다 모자란 듯 하는 것이 자연의 복을 귀하게 누리는 방법이고, 자연에 깃들어 살아가는 수많은 생명에 대한 예의다.

[좋은 재료를 쓴다]

꽃은 씻으면 향이 줄고, 꽃가루가 씻겨 나간다. 그래서 씻지 않아도 되는 깨끗한 곳에서 모시는 게 좋다. 때에 따라 물에 데치거나 찌기도 한다. 잎, 가지, 뿌리, 열매 등은 닦거나 씻는다. 꽃을 씻어야 할 때는 잠깐 씻는다.

[때를 맞춘다]

- 꽃에 따라 모시는 때가 다르다. 꽃은 30% 정도 피거나 부푼 봉오리가 좋다. 어린 꽃봉오리는 풋내가 나고, 활짝 핀 꽃은 꽃잎과 꽃가루가 잘 떨어져 모시기 힘들고 효능도 줄어든다. 대신 꽃음료를 만들 때는 활짝 핀 꽃이 좋다. 비 맞은 꽃이나 이슬에 젖은 꽃은 물기가 마를 때까지 기다린다.
- 잎은 성장이 빠른 어린잎을 모시면 좋다. 자란 잎이나 단풍 든 잎이 좋은 때도 있다. 때에 따라 만드는 방법을 달리한다.
- 열매는 보통 익은 걸 쓰고, 무른 것은 피한다.
- 씨는 익은 게 영양도, 맛도 좋다.
- 풀포기 전체가 필요하면 꽃이 핀 때가 좋다.

- 뿌리는 양분이 뿌리로 쏠리는 철에 모신다. 보통 가을부터 이른 봄까지다.
- 차 만들기 좋은 때를 꽃차·잎차마다 표시했다. 달라도 된다.

[쓰임에 따라 방법을 달리한다]

- 모양이나 색이 중요한 때는 팬, 찜기 등에 면 보자기를 깔고 수분을 뺀 다음, 저온에서 시작하여 온도를 조금씩 높이며 덖는다.
- 맛과 향이 중요한 때는 중온 이상이나 고온에서 충분히 덖거나, 찐 다음 덖는다. 모든 차에 해당하지는 않고 일반적인 예다.

[온도를 맞춘다]

꽃에 따라 저온에서 시작해 온도를 조금씩 높이며 덖는 것, 고온에서 시작해 온도를 낮추며 덖는 것, 중온에서 시작해 온도를 높이며 덖는 것이 있다. 이때 온도를 급하게 바꾸지 않는 것이 중요하다. 온도를 높이고 낮출 때는 같은 온도에서 두 번 이상 덖어 꽃이 그 온도에 적응하도록 해야 한다. 보통 팬 온도 다이얼 0.2cm씩 높이거나 낮추며 여러 차례 덖는다. 온도를 갑자기 높이면 꽃이 오므라들거나 타거나 거뭇해질 수 있다.

[보관을 잘한다]

- 꽃차를 보관하다 보면 부피가 줄거나 눅눅해지는 경우가 있다. 그대로 두면 변하거나 곰팡이가 필 수 있다. 처음부터 습기를 완전히 빼서 보관하거나, 가끔 꺼내 수분 점검을 하는 게 좋다. 장마철이 지나면 꼭 확인한다. 수분 점검을 할 때 뚜껑에 김이 서리면 다시 덖어서 수분을 뺀다.
- 햇빛이 닿으면 색이 바래고 성분이 바뀔 수 있다. 밀폐하여 습기 없고 빛이 닿지 않는 곳에 보관하는 게 좋다.

[몸에 맞아야 한다]

우리 겨레는 예부터 꽃을 먹었다. 꽃전(화전), 화채, 부각, 차, 술, 약 등으로 꽃의 색과 모양, 영양분, 약효를 자연스레 얻었다. 꽃은 효소와 비타민, 아미노산, 미네랄 등 영양소가 많아서 종합 영양제라고 할 수 있다. 면역력을 높이고, 신진대사를 돕고, 노화를 더디게 하는 등 약선 효과가 있다. 무엇보다 꽃을 곁들인 음식은 보는 즐거움이 있다. 영양분에 맛과 향까지 담을 수 있으니 그야말로 자연이 준 선물이다. 하지만 아무리 좋아도 꽃가루 알레르기가 있거나 몸에 맞지 않는 사람은 가려서 먹어야 한다.

2. 준비물

덖음 솥 : 무쇠 솥이나 게르마늄 솥, 바닥이 두꺼운 솥과 냄비를 써도 된다. 책에서는 온도 조절이 간편한 전기 팬을 기준으로 했다. 크고, 찜기가 있고, 뚜껑 전체가 유리로 된 것이 좋다. 전기 팬은 온도에 민감한 차를 덖는 데 실용적이지만, 열선이 있는 쪽과 없는 쪽에 온도 차이가 있다.

찜기 : 팬이나 솥에 찜기가 딸린 걸 준비한다. 집에 있는 찜 솥을 써도 된다.

집게 : 끝이 가늘고 뾰족한 게 좋다.

면 보자기 : 무명실로 짠 천을 쓴다. 광목이나 삼베, 한지도 괜찮다.

멍석 : 작은 것으로 준비한다. 잎차를 비빌 때 필요하다.

병 : 차를 보관할 때 필요하다(뚜껑은 양철이 좋다).

3. 쓰는 말뜻

덖기 : 물기 있는 재료에 물을 더하지 않고 타지 않을 정도로 볶아서 익히는 일.

말리기 : 그늘이나 햇빛에서 수분을 말리는 일.

법제 : 약의 성질을 알맞게 하려고 정해진 방법대로 손질하는 일.

볶기 : 열을 가해서 익히고 말리는 일.

식히기 : 찌거나 덖거나 데친 뒤에 식히는 일.

열건 : 솥이나 팬, 찜기 등에서 열로 수분을 빼는 일.

찌기 : 김으로 찌는 일. 김이 오른 뒤에 시간을 잰다.

수분 점검 : 수분이 있는지 없는지 확인하는 일. 보통 저온에 뚜껑을 덮고 확인한
다. 수분이 있으면 뚜껑에 김이 서린다. 불 켜지는 곳에서 0.5cm 정도
높은 데서 하면 좋다.

향매김 : 수분 점검을 한 뒤 정해진 시간 동안 저온에서 뚜껑을 덮고 향을 가두는
일. 재우기, 잠재우기라고도 한다. 향매김 시간은 저마다 다르다. 향기나
맛이 부족한데 모양과 색이 중요한 꽃은 한 시간 안팎, 모양과 색뿐만 아
니라 맛과 향이 중요한 꽃은 두 시간 안팎, 잎이나 가지, 열매, 뿌리 등은
여섯 시간 안팎으로 한다.

4. 찌는 이유

• 꽃을 살균하기 위해서다. 꽃가루가 씻겨 나가는 것을 막고, 꽃에 묻은 균을 소독
한다.

• 꽃이 더 피는 걸 막기 위해서다. 남은 수분과 양분으로 최대한 빨리 피어 꽃가루
가 상하거나 꽃잎이 떨어지는 등 생명을 잇는 본능을 멈추게 한다.

- 맛을 끌어내기 위해서다. 꽃의 꿀샘에 있는 꿀이나 잎과 뿌리에 있는 맛이 잘 우러나게 한다.
- 익히기 위해서다. 생것으로 먹을 수 있는 경우는 많지 않다. 자체의 독을 이로운 성분으로 바꾸거나 좋은 성분을 최대한 끌어내 맛을 부드럽게 하고, 소화를 돕는다.

5. 덖는 온도

전기 팬을 기준으로 할 때 꽃은 다이얼 수치 1, 잎은 1.5~2, 가지나 열매, 뿌리는 2~3을 고온이라 한다. 팬마다 조금씩 차이가 날 수 있다.

[꽃차 기준 온도]

저온 : 전기 팬에 불이 켜지는 둘레(가운데 80℃ 안팎, 가장자리 50℃ 안팎)

중온 : 불이 켜지는 곳과 전기 팬 다이얼 1 사이(가운데 160℃ 안팎, 가장자리 120℃ 안팎)

고온 : 전기 팬 다이얼 1 둘레(가운데 240℃ 안팎, 가장자리 170℃ 안팎)

6. 꽃차 마시는 법

꽃마다, 덖는 방법에 따라, 우리는 용기나 방법에 따라, 입맛에 따라 조금씩 달리한다. 보통 꽃을 먼저 넣고 끓인 물(100℃)을 부어 첫물은 40초, 두물은 30초, 세물은 40초, 네물은 1분 정도 우려 마신다. 백목련 꽃차는 더 우려 마셔도 된다.

7. 효능에 쓰는 말뜻

강심强心 : 쇠약해진 심장의 기운을 강하게 함.

강정强精 : 정력을 강하게 함.

객혈喀血 : 기침과 함께 피가 나오거나 가래에 피가 섞여 나오는 병증.

거담祛痰 : 가래가 생기는 원인이나 가래를 없앰.

발한發汗 : 땀을 나게 함.

산혈散血 : 어혈을 풀어줌.

소염消炎 : 염증을 없앰.

소종消腫 : 부은 종기나 상처를 낫게 함.

습담濕痰 : 혈액, 림프액, 조직액 등 체액의 기능이 원활하지 않아 생기는 병증.

어혈瘀血 : 체내의 혈액이 일정한 자리에 정체되어 노폐물이 많아져 생기는 한의학
상의 병증.

온신산한溫腎散寒 : 신기腎氣를 따뜻하게 하고 한기寒氣를 흩어줌.

이질痢疾 : 세균성과 아메바성을 포함한 대장염.

자양강장滋養强壯 : 몸에 영양을 붙게 하고, 오장을 튼튼하게 함.

천식喘息 : 숨이 차는 병증.

청열淸熱 : 성질이 찬 약으로 열을 내림.

청혈淸血 : 피를 맑고 깨끗하게 함.

토혈吐血 : 피를 토하는 병증.

해수咳嗽 : 기침 위주로 나타나는 해증과 기침은 그다지 없으면서 주로 가래를 많
이 뱉는 수증이 오래 지속되면서 기침과 가래가 동시에 나타나는 병증.

화혈和血 : 병으로 피가 적어지거나 몰린 것을 고르게 함.

꽃차 · 잎차

감국

꽃차(10~11월)

먹은 뒤에 단맛이 남아서 달 감(甘), 국화 국(菊), 감국이다. 꽃이 500원짜리 동전만 하다. 산국은 10원짜리 동전만 하다. 감국으로 아는 꽃이 산국일 때가 많다. 감국 꽃밭이라 해서 달려가면 감국은 온데간데없고 산국이 반기는 경우가 보통이다. 우리나라 산과 들에는 감국보다 산국이 흔하다.

만드는 법	1 갓 핀 꽃을 준비한다.
	2 소금(5%)을 넣고 끓인 물에 2~3번 데친다(대추와 감초 달인 물에 찌거나
	데쳐도 된다).
	3 찬물로 식힌 뒤 물기를 빼고 중온에서 덖는다.
	4 온도를 조금씩 높이며 덖어 고온에서 마무리한다.
	5 수분 점검 뒤 2시간 안팎으로 향매김을 한다.
하나 더	저온에 90% 정도 수분을 빼고 대추와 감초 달인 물을 뿌리며 덖어도 된다.
	5번 정도 되풀이하는데, 빨리 식혀야 눅눅해지지 않는다.
효능	혈액순환에 도움이 되고, 해열·소염·진통 작용을 한다. 두통, 기관지염, 고혈압,
	어지럼증 등에 좋다.

감나무 · 고욤나무

꽃차(5월 말~6월) | 잎차(4월 중순~6월)

감나무가 좋다. 감도 달리고, 그늘도 생기고, 단풍도 곱다. 감꽃 목걸이는 추억
이다. 금방 떨어진 꽃은 깨끗하지만 떫은맛이 많다. 실에 꿰어 갈색이 되면 먹
었다. 감꽃도 차가 된다. 차 만들 때는 감나무보다 산에서 절로 자란 고욤나무
꽃과 잎이 좋다. 고욤나무는 감나무 대목으로 쓰는데, 산에 절로 사니 신선 격
이다.

만드는 법	1	어린잎을 준비한다. 큰 잎은 자른다.
	2	고온에서 숨을 죽인 뒤, 덖고 비비고 식히는 과정을 3~5번 되풀이한다.
		덖은 뒤 뜨겁고 수분이 있을 때 여러 번 비벼야 맛난 차가 된다.
	3	수분이 어느 정도 빠지면 온도를 조금씩 낮추며 여러 번 덖는다.
	4	수분 점검 뒤 6시간 안팎으로 향매김을 한다.

하나 더 감꽃은 그냥 말리거나 쪄서 말린다.

효능 혈관을 튼튼하게 하고, 이뇨·지혈 작용을 한다. 감기, 고혈압, 괴혈병 등에 좋다.

감태나무

잎차(4월 중순~5월)

잎에서 감태 맛이 나서 감태나무다. 감태는 미역이나 파래 같은 해조류다. 잎을 씹으면 감태처럼 끈적끈적하다. 단풍이 들거나 마른 잎도 감태 맛이 난다. 감태나무를 만나면 약인 듯 한두 잎 따 먹는다. 누가 있으면 주기도 한다. 열에 아홉은 신기한 맛이라며 놀란다. 눈에 잘 띄지 않지만, 앞산 뒷산 어디든 있어 고마운 나무다.

만드는 법	1 어린잎을 준비한다. 단풍 든 잎도 좋다.
	2 고온에서 덖고 비비고 식히기를 3~5번 되풀이한다.
	3 수분이 어느 정도 빠지면 온도를 낮추며 여러 번 덖는다. 부스러기는 턴다.
	4 수분 점검 뒤 6시간 안팎으로 향매김을 한다.

| 하나 더 | 단풍 든 잎과 큰 잎은 잘라서 찌고 덖어도 된다. |

| 효능 | 피를 맑게 하고, 이뇨 · 진통 · 해독 작용을 한다. 어혈, 고지혈증, 수족 냉증 |
| | 등에 좋다. |

개나리

꽃차(3월 말~4월)

개나리가 피면 노란 병아리가 생각난다. 병아리가 놀다가 심심할 때 콕 쪼아 볼 것 같은 꽃이다. 봄나들이하며 개나리를 좀 모셨다. 덖고 우리는 시간 모두 살랑대는 봄이다. 가지에 조롱조롱 매달려 반짝반짝 빛나던 노란 별이 차가 되는 게 고맙다. 개나리 꽃차는 은은하고 순한 맛으로 몸을 흔들어 깨운다. 봄이라고!

만드는 법	1 갓 핀 꽃을 준비한다.
	2 저온에 며 보자기를 깔고 겹치지 않게 놓는다.
	3 수분이 어느 정도 빠지고 모양이 잡히면, 온도를 조금씩 높이며 덖어
	고온에서 마무리한다. 꽃이 부서지지 않게 며 보자기를 들썩이며 덖는다.
	4 수분 점검 뒤 1시간 안팎으로 향매김을 한다.

하나 더   온도가 높으면 꽃이 오므라들어 예쁘지 않다.

효능   청열 · 이뇨 · 소염 작용을 한다. 신장염, 방광염, 당뇨, 여드름 등에 좋다.

개망초

꽃차(6~7월) | 잎차(12~3월)

나들목에 절로 자란 개망초가 지천이다. 운전하면서 자꾸 개망초에 눈이 간다.
동무가 6월은 개망초의 계절 같단다. 참말이지 산길과 들길, 묵밭이 온통 안개
꽃 같은 개망초다. 꽃을 모셔 와 차로 덖었다. 하얀 꽃밭이 생각난다. 겨울난
잎은 찧어서 달아놓았다. 꽃과 잎을 차례로 마시니 모자라는 사람이 조금은 온
전해지는 것 같다.

만드는 법	1	갓 핀 꽃을 준비한다.
_ 꽃차	2	저온에 면 보자기를 깔고 겹치지 않게 놓는다.
	3	수분이 빠져 모양이 잡히면, 면 보자기 위에서 온도를 조금씩 높이며 덖어 고온에서 마무리한다(10초씩 2~3번 쪄서 덖어도 된다).
	4	수분 점검 뒤 1시간 안팎으로 향매김을 한다.

만드는 법	1	잎은 씻어 물기를 빼고 멍석 위에서 비비거나 찧는다.
_ 잎차	2	얼음 틀에 랩을 깔고 모양을 잡는다.
	3	랩을 당겨서 뺀 뒤 말린다.
	4	어느 정도 마르면 칡이나 실로 묶어 달아서 자연 건조한다.

| 하나 더 | 꽃잎이 파르스름해지면 수분이 많이 빠진 상태다. |

| 효능 | 혈당을 낮추고, 청열·해독 작용을 한다. 장염, 소화불량, 전염성 간염, 당뇨 등에 좋다. |

개쑥부쟁이 · 쑥부쟁이

꽃차(9~10월)

가을은 들국화 세상이다. 그 가운데 개쑥부쟁이가 핀 길은 걷기만 해도 좋다.
꽃을 조금 모셔 와 면 보자기를 깔고 팬 온도를 낮춰 올려놓았다. 어느 정도 모
양이 잡히나 싶더니 가운데가 부풀어 오른다. 아뿔싸! 남은 꽃은 하나하나 소
금물에 데쳐서 모양을 잡았다. 꽃이 잠든 듯 얌전하다. 쑥부쟁이도 같은 방법
으로 한다.

만드는 법	1 갓 핀 꽃을 꽃자루가 1cm 되게 준비한다.
	2 소금(5%)을 넣고 끓인 물에 꽃을 하나씩 데친다. 불은 켜둔다.
	3 마른행주에 놓고 물기를 뺀다.
	4 면 보자기에 올려 저온부터 고온까지 조금씩 높이며 덖는다.
	5 수분 점검 뒤 1시간 안팎으로 향매김을 한다.

하나 더 데칠 때 꽃이 물에 오래 있거나 물이 식으면 하얘진다.

효능 청열 · 해독 작용을 한다. 감기, 기관지염, 편도선염, 방광염, 비만 등에 좋다.

갯기름나물(방풍)

꽃차(7월) | 잎차(3~4월) | 뿌리차(11~2월)

등록된 이름이 갯기름나물이다. 약으로 쓸 때 풍을 물리치는 약이라고 약재 이름이 방풍이다. 봄 잎은 맛 좋은 나물이다. 향이 짙고 맛은 쌉싸래하다. 줄기가 꼿꼿해지고 꽃이 피면 잘 먹지 않는데, 이때 꽃차를 만들기 좋다. 나물과 달리 잎차는 쓴맛이 거의 없고, 구수하고 들큼하다. 뿌리도 덖어서 차를 만든다.

만드는 법 _ 꽃차	1	갓 핀 꽃을 송이째 준비한다.
	2	저온에 면 보자기를 깔고 얹어둔다(꽃을 하나씩 따면 팬에서 바로 덖는다).
	3	수분이 어느 정도 빠지면 꽃자루를 자르고, 면 보자기 위에서 온노를 조금씩 높이며 덖어 고온에서 마무리한다.
	4	수분 점검 뒤 2시간 안팎으로 향매김을 한다.

만드는 법 _ 잎차	1	잎은 씻어 물기를 빼고 잘게 자른다.
	2	고온에서 숨을 죽인 뒤, 덖고 비비고 식히기를 되풀이한다. 비비기는 3~5번 한다.
	3	수분이 어느 정도 빠지면 온도를 조금씩 낮추며 덖어 마무리한다.
	4	수분 점검 뒤 6시간 안팎으로 향매김을 한다.

하나 더	뿌리는 5분 찌고 식히기를 3번 정도 한 뒤 고온에서 여러 번 덖는다.

효능	신경을 안정시키고, 방풍 작용을 한다. 중풍, 파상풍, 손발 저림, 어지럼증, 설사, 두통, 스트레스 등에 좋다.

갯버들

꽃차(3월)

이른 봄에 모자 쏙 벗고 피는 꽃. 강아지 꼬리를 닮은 꽃. 갯버들 꽃을 버들강
아지, 버들개지라 한다. 어릴 때 냇가에서 갯버들 꽃을 껌처럼 씹다가 꿀떡 넘
겼다. 쫄깃하면서도 향긋했다. 갯버들 꽃차는 덖는 내내 손에서 꼬물꼬물 움직
이는 것 같다. 버드나무 껍질에는 아스피린을 만드는 재료 성분이 들었다. 흔
한 나무가 약이 된다.

만드는 법	1 꽃가루가 터지지 않은 꽃을 준비한다.
	2 찜기에 김이 오른 뒤 1분 정도 찌고 식히기를 3번 정도 되풀이한다.
	3 물기를 빼고 저온에서 덖다가 수분이 어느 정도 빠지면, 온노를 소금씩 높이며
	덖어 고온에서 마무리한다. 부러뜨렸을 때 똑 부러지면 된다.
	4 수분 점검 뒤 2시간 안팎으로 향매김을 한다.

하나 더 꽃가루가 터진 꽃을 덖으면 타기 쉽다.

효능 해열 · 진통 · 소염 작용을 한다. 황달, 신경통, 관절통, 습진 등에 좋다.

겨우살이

가지차(2~3월)

겨우살이는 나무에 붙어 새 둥지처럼 자란다. 새가 먹고 싼 똥에서 싹이 터 자라는 것이다. 우리나라 겨우살이에는 렉틴이 있어 종양 세포와 림프구가 빨리 없어지게 한다. 렉틴은 적혈구와 응집반응을 나타내는 식물성 단백질이다. 유럽과 미국 캘리포니아의 겨우살이보다 백혈병 혈액세포 증식을 억제하는 효과가 크다고 한다. 귀한 만큼 소중히 다룬다.

만드는 법	1 가지와 잎을 따로 나눈다. 열매는 끈적거려서 뺀다.
	2 가지는 이슷 썰고, 잎은 적당히 잘라 각각 5분 찌고 식히기를
	4~5번 되풀이한다.
	3 고온에서 덖고 비비고 식히기를 되풀이한다. 찌꺼기를 자주 털며 덖어야
	차 맛이 깔끔하다.
	4 수분이 어느 정도 빠지면 온도를 조금씩 낮추며 덖어 마무리한다.
	5 수분 점검 뒤 6시간 안팎으로 향매김을 한다.

하나 더   가지는 잎보다 높은 온도에서 덖는다.

효능   간과 신장을 튼튼하게 하고, 항염·이뇨 작용을 한다. 신경통, 관절염, 고혈압,
      고지혈증, 동맥경화, 당뇨 등에 좋다.

고광나무

꽃차(5월 중순~6월 초)

고광나무 새순은 부드럽고 맛있는 나물이다. 숲에 초록이 짙어지면 고광나무는 다른 나무에 묻혀 잘 드러나지 않는다. 그러다 꽃이 피면 환해서 눈에 띈다. 꽃은 향이 좋고, 꽃잎이 보기보다 얇지 않아 꽃차로 덖기에 적당하다. 덖을 때 잎도 한두 장 붙여놓으면 예쁘다.

만드는 법	1 갓 핀 꽃을 준비한다. 부푼 봉오리도 좋다.
	2 찜기에 면 보자기를 깔고 저온에 두다.
	3 꽃 모양이 잡히면 면 보자기 위에서 온도를 조금씩 높이며 덖어 고온에서
	마무리한다.
	4 수분 점검 뒤 2시간 안팎으로 향매김을 한다.

하나 더   어린 봉오리는 향이 옅고 습기가 많아 차로 만들기에 적당하지 않다.

효능   신경을 안정시키고, 이뇨 작용을 한다. 신경통, 근육통, 치질 등에 좋다.

고마리

꽃차(9월~10월 초)

고마리는 물가에 자라며 물을 맑게 하는 풀이라고 고마우리, 고마우리 하다가
고마리가 되었다 한다. 하양, 분홍, 붉은 꽃이 피면 냇가가 꽃밭이다. 고마리에
꿀벌, 나비, 호리꽃등에가 날아온다. 꿀 따는 손님하고 놀다 보면 시간 가는 줄
모른다. 손님한테 나는 거인이다. 휙휙 달아난다. 녀석들, 고마리 꽃차 마시고
가면 내가 무섭지 않을까?

만드는 법	1 갓 핀 꽃을 준비한다.
	2 면 보자기를 깔고 저온에 수분을 충분히 뺀다. 이때 집게로 가끔 뒤집는다.
	3 수분이 어느 정도 빠지면, 온도를 조금씩 높이며 덖어 고온에서 마무리힌다.
	4 수분 점검 뒤 1시간 안팎으로 향매김을 한다.

하나 더	온도가 높으면 꽃이 낱낱이 떨어지고 검게 변한다.

효능	눈을 밝게 하고, 이뇨 · 지혈 작용을 한다. 소화불량, 위염, 방광염, 요통 등에 좋다.

고추나무

꽃차(4월 말~5월) | 잎차(4월~5월 초)

잎이 고춧잎을 닮아서 고추나무다. 고추나무는 산골짜기에 주로 자란다. 고추나무 잎도 고춧잎처럼 나물로 먹는다. 고추나무는 어린잎과 자란 잎을 차로 만든다. 꽃도 향긋한 차가 된다. 꽃이 피었을 때 산골짜기에 지나가면 달큼한 향이 난다. 잎과 꽃을 함께 우려 마셔도 좋다.

만드는 법	1	봉오리나 갓 핀 꽃을 송이째 준비한다. 꽃을 하나씩 따도 된다.
_ 꽃차	2	저온에 면 보자기를 깔고 송이째 올린다.
	3	수분이 어느 정도 빠지면, 면 보자기 위에서 온도를 조금씩 높이며 덖어 고온에시 마무리한다.
	4	낱 꽃은 팬에서 바로 덖거나 면 보자기 위에서 들썩이며 덖는다. 중온부터 시작해 온도를 조금씩 높이며 덖어 고온에서 마무리한다.
	5	수분 점검 뒤 2시간 안팎으로 향매김을 한다.

만드는 법	1	어린잎을 준비한다.
_ 잎차	2	고온에서 숨을 죽인 뒤, 덖고 비비고 식히기를 되풀이한다. 뜨겁고 수분이 있을 때 2~3번 비벼야 좋은 차가 된다.
	3	수분이 어느 정도 빠지면 온도를 조금씩 낮추며 덖는다.
	4	수분 점검 뒤 6시간 안팎으로 향매김을 한다.

하나 더 꽃을 바로 덖으면 짙은 색, 열에 건조해서 덖으면 연한 색이 된다.

효능 이뇨 작용을 한다. 열매와 뿌리가 기관지염, 어혈 등에 좋다.

구기자나무

열매차(10~12월)

열매를 구기자라 한다. 열매는 익으면 빨갛고 맑아 금방이라도 터질 것 같은데, 말려서 한약재로 쓴다. 말린 열매를 차로 만들면 색이 품위 있고, 맛이 깊고 부드럽다. 말린 구기자를 아홉 번 찌고 덖는다. 구기자는 각종 성분이 들어 있어 웬만한 사람한테는 다 잘 맞는다. 감국과 같이 우리면 맛과 향이 더 좋다.

만드는 법	1	잘 말린 구기자를 준비해 이물질을 골라낸다.
	2	찌고 식히는 과정을 하루 안팎으로 여유를 두고 9번 정도 되풀이한다.
	3	찔수록 검어지는데, 마지막에 고온으로 몇 번 덖는다.
	4	수분 점검 뒤 2시간 안팎으로 향매김을 한다.

하나 더   감국과 함께 우려서 육미지황환을 곁들여 먹으면 좋다.

효능   간을 튼튼하게 하고, 눈을 밝게 한다. 피로 회복, 혈액순환 등에 좋다.

구절초

꽃차(9월 말~10월)

음력 9월 9일에 말린 꽃이 약효가 좋다고 해서 구절초다. 잎과 꽃 모두 쓴맛이
강하다. 아는 선생님이 구절초가 피었다고 오란다. 가서 보니 구절초 대궐이
다. 덕분에 태어나 처음으로 꽃을 많이 모셨다. 구절초 딴 손을 입에 대니 무척
쓰다. 하지만 꽃을 차로 덖으면 향도 맛도 부드러워진다. 향기로운 차다.

만드는 법	1	갓 핀 꽃을 꽃자루가 1cm 남게 준비한다.
	2	저온에 면 보자기를 깔고 엎어놓는다(생꽃을 소금물이나 대추와 감초 달인 물에 데친 뒤 덮어도 된다).
	3	꽃 모양이 잡히면 꽃자루를 자르고 뒤집는다.
	4	면 보자기를 위아래로 들썩이며 온도를 조금씩 높여 고온까지 덖는다. 꽃잎이 떨어지지 않게 조심한다.
	5	수분이 90% 정도 빠지면 대추와 감초 달인 물을 뿌리며 덖어 쓴맛을 줄인다.
	6	수분 점검 뒤 2시간 안팎으로 향매김을 한다.

하나 더　　대추와 감초 달인 물은 거리를 두고 뿌린 뒤 빨리 식혀야 축축해지지 않는다.
　　　　　　이 과정을 여러 번 되풀이한다.

효능　　　비장과 위를 따뜻하게 하고, 해독 · 진통 · 소염 작용을 한다. 식욕 촉진, 소화불량,
　　　　　　월경불순, 관절염, 신경통, 고혈압 등에 좋다.

귤

껍질차(11~1월) | 청귤차(9월 초)

귤나무라고도 한다. 귤껍질을 약으로 쓸 때 '진피', 차로 덖으면 진피차라 한다.
말려둔 귤껍질을 감기 기운이 있을 때 끓여 먹었다. 맛이 강해서 자주 먹고 싶
지 않았다. 차로 덖으니 색이면 색, 향이면 향, 맛이면 맛, 효능이면 효능, 뭐
하나 빠지지 않는다. 귤껍질은 오래될수록 맛과 향이 부드럽고 깊어진다. 말린
귤은 차도 되고, 다식도 된다.

만드는 법	1	약 치지 않은 귤을 씻어 껍질을 벗긴다.
_ 껍질차(진피차)	2	껍질을 잘게 자른다.
	3	고온에서 숨을 죽이며 덖고 비비고 식히는 과정을 되풀이한다.
	4	습기가 어느 정도 빠지면 온도를 조금씩 낮추며 비비지 않고 덖는다.
	5	수분 점검 뒤 6시간 안팎으로 향매김을 한다.

만드는 법	1	청귤을 썰어 낮은 온도에서 말린다. 수분이 어느 정도 빠지면, 면 보자기를
_ 청귤차		위아래로 들썩이며 덖는다.
	2	수분 점검 뒤 2시간 안팎으로 향매김을 한다.
	3	청귤을 썰어서 설탕이나 꿀에 재었다가 물을 타서 마셔도 된다.

하나 더   껍질차 덖을 때 떨어진 속껍질은 모았다가 다식 고명으로 쓴다.

효능   면역력을 높이고, 피를 맑게 한다. 감기, 소화불량, 식욕부진, 비만, 고지혈증,
스트레스 등에 좋다.

꽃사과

꽃차(4월 중순~4월 말)

꽃이 예뻐서 아파트 뜰이나 학교, 공원 등에 심어 가꾼다. 꽃이 나무를 덮을 정도로 환하게 핀다. 가을에는 열매가 빨갛게 익어 새를 부른다. 새알만 해 먹을 게 별로 없고 퍼석거리는데, 새들한테는 잔칫집이다. 작아도 사과를 빼닮았다. 꽃받침 자국이 선명한 게 '나도 사과야!' 하고 써놓은 듯하다. 차에서 연한 사과 맛이 난다.

만드는 법	1 부푼 봉오리나 갓 핀 꽃을 송이째 준비한다.
	2 저온에 면 보지기를 깔고 겹치지 않게 놓는다. 모양이 잡히면 뒤집는다.
	3 수분이 어느 정도 빠지면 온도를 조금씩 높이고, 면 보자기를 들썩이며 덮어 고온에서 마무리한다.
	4 수분 점검 뒤 1시간 안팎으로 향매김을 한다.

하나 더 꽃이 4~5송이 붙은 채 덮으면 예쁘다. 잎도 1~2장 붙여둔다.

효능 혈관을 튼튼하게 한다. 동맥경화, 소화불량, 고혈압, 감기, 불면증, 변비 등에 좋다.

꽃향유 · 향유

꽃차(9월 말~10월)

열매에서 향기 나는 기름을 짜는 꽃이라고 꽃향유다. 향이 잎과 꽃 전체에서
나고, 말랐을 때도 난다. 꽃향유의 기름 성분은 비누, 목욕 세제 등에 좋은 재
료로 쓰인다. 덖어서 차로 우리면 빛깔이 환상적이다. 꽃향유 달인 물로 칫솔
질하면 입 냄새를 없애는 데 도움이 된다.

만드는 법	1 갓 핀 꽃을 준비한다.
	2 저온에 면 보자기를 깔고 수분을 뺀다. 온도가 높으면 꽃 색이 곱지 않다.
	3 꽃 모양이 잡히면 온도를 조금씩 높이고, 면 보자기를 들썩이며 덮어 고온에서 마무리한다(90% 정도 마른 꽃을 15초 찌는 과정을 되풀이하고 덮어도 된다). 덮을수록 향이 부드럽고 깊어지는데, 빨리 식히는 게 중요하다.
	4 수분 점검 뒤 2시간 안팎으로 향매김을 한다.

하나 더 향유도 같은 방법으로 만든다.

효능 위를 튼튼하게 하고, 발한 · 해열 작용을 한다. 감기, 소화불량, 갈증, 입 냄새 등에 좋다.

꾸지뽕나무

잎차(5월) | 열매차(10월 중순)

꾸지뽕, 구지뽕나무라고도 한다. 뽕나무가 대접받는 게 부러워 자기도 굳이 뽕나무라 우겨서 꾸지뽕나무가 되었다는 우스갯소리가 있다. 단단하기가 박달나무와 맞먹어서 단단히 맘먹는 것을 '굳이'라고 하는데, 뽕나무보다 단단하다고 굳이뽕나무라 하다가 꾸지뽕나무가 되었다고도 한다. 잎과 열매, 가지를 모두 차로 만들 수 있다. 덖은 열매는 차도 되고, 다식도 된다.

만드는 법	1	어린잎을 준비한다. 큰 잎은 자른다. 단풍 든 잎도 좋다.
_ 잎차	2	고온에서 숨을 죽인 뒤 덖고 비비고 식히기를 3~5번 되풀이한다(단풍 든 잎과 큰 잎은 쪄서 덖어도 된다).
	3	수분이 어느 정도 빠지면 온도를 조금씩 낮추며 덖어 저온에서 마무리한다.
	4	수분 점검 뒤 6시간 안팎으로 향매김을 한다.

만드는 법	1	무르지 않은 익은 열매를 0.2cm 두께로 자른다. 흰 즙이 마르면 검어지는데 괜찮다.
_ 열매차	2	건조기에서 수분을 어느 정도 뺀 뒤 고온에서 덖는다.
	3	가슬가슬해지면 온도를 조금씩 낮추며 덖어서 마무리한다.
	4	수분 점검 뒤 6시간 안팎으로 향매김을 한다.

하나 더　　잎차는 가루 내어 물에 타 마셔도 된다.

효능　　면역력을 높이고, 혈관을 튼튼하게 한다. 청열 · 항염 작용을 한다. 당뇨, 고혈압,
　　　　변비, 부인병 등에 좋다.

꿀풀

꽃차(5월 말~6월)

꿀이 많은 꽃이라고 꿀풀이다. 꽃을 쏙 뽑아서 빨면 제법 달다. 꽃 전체를 말려서 약으로 쓰는데, '하고초(夏枯草)'라 한다. 여름이 되면 꽃이 지고 말라서 붙은 이름이다. 꽃차례가 장난감 방망이 같다고 꽃방망이, 꿀방망이라는 별명도 있다. 경남 함양에서는 하고초 축제를 열기도 했다. 꿀풀에서 딴 꿀을 하고초 꿀이라 한다.

만드는 법	1 꽃을 송이째 준비한다.
	2 저온에 면 보자기를 깔고 펼쳐놓은 뒤 가끔 뒤집는다.
	3 수분이 어느 정도 빠지면 온도를 소금씩 높이며 덖어 고온에서 마무리한다.
	4 수분 점검 뒤 2시간 안팎으로 향매김을 한다.

하나 더   쪄서 덖어도 된다.

효능   간을 튼튼하게 하고, 이뇨 · 소염 작용을 한다. 고혈압, 간염, 유선염, 피부 질환 등에 좋다. 특히 눈이 충혈되고 아플 때 도움이 된다.

냉이

잎차(2~3월) | 꽃차(4월~5월 초)

향이 좋은 밭 나물이다. 가을이나 겨울, 이른 봄에 나물로 먹고, 차로 마셔도 좋다. 꽃보다 잎이 알지다. 뿌리째 캔 냉이를 차로 만든다. 찧어서 모양을 잡아 매달면 자연 발효된다. 만드는 방법이 재미있어 아이도, 어른도 놀이처럼 할 수 있다. 덖어둔 잎차에 꽃차를 띄우면 냉이 기운을 온전히 마실 수 있다.

만드는 법	1 꽃대가 올라오지 않은 냉이를 뿌리째 준비한다.
	2 절구에 넣고 찧는다.
	3 얼음 틀에 넣고 꼭꼭 눌러 모양을 잡는다.
	4 소쿠리에 놓아 어느 정도 마르면 매달아 말린다(뿌리째 데친 뒤 돌돌 말아서
	어느 정도 말린 뒤 덖어도 된다).
	5 꽃은 저온에 수분을 빼고 덖는다.
	6 수분 점검 뒤 잎은 6시간, 꽃은 2시간 안팎으로 향매김을 한다.

하나 더　　　꽃차와 잎차를 같이 우려 마시면 더 좋다.

효능　　　간 · 신장 · 비장을 튼튼하게 하며, 면역력을 높인다. 소화불량, 월경불순, 빈혈, 고혈압
　　　　　등에 좋다.

단풍나무

잎차(10월~11월 초) | 열매차(5월 말~6월)

단풍잎만 봐도 좋은데 차라니! 가을을 모아두는 차, 다른 계절에 가을을 초대
하는 마법 같은 차. 잎차를 대접하면 단풍잎도 먹느냐고, 무슨 맛이냐고 깜짝
놀란다. 예쁜 잎이 차가 되니 놀랄 만도 하다. 깔끔하고 단맛이 느껴지는 차를
마시면 고로쇠나무 수액이 떠오르고, 단풍잎을 모신 그 물소리 맑은 가을 숲도
생각난다.

만드는 법	1 단풍 든 잎을 준비한다.
	2 끓는 물에 데친 뒤 찬물에서 식힌다.
	3 물을 닦고 팬에 올려 저온에 접은 면 보자기로 누르고 뒤집는다.
	온도가 높으면 잎이 말리니 주의한다.
	4 수분이 어느 정도 빠지면 가장자리에 두고, 다른 잎도 ③과 같은 방법으로 한다.
	5 면 보자기에 놓고 저온보다 조금 높은 온도에서 고온까지 조금씩 높이며 덖는다.
	덖을 때마다 식힌다.
	6 수분 점검 뒤 2시간 안팎으로 향매김을 한다.
하나 더	고로쇠나무도 같은 방법으로 한다. 열매는 중온 이상에서 덖는다.
효능	간을 튼튼하게 하고, 혈액순환에 도움이 된다. 뿌리껍질과 가지가
	청혈·해독·소염·진통 작용을 한다. 당뇨, 관절염, 골다공증 등에 좋다.

단풍 모음

잎차(10월~11월 초)

아파트에 단풍이 하르르 떨어진다. 사진을 찍는데 경비 아저씨가 가랑잎을 쓸어 자루에 담는다. '아이쿠, 떨어지자마자 쓸어 담네….' 관리해야 하는 처지를 이해하면서도 쓸쓸하다. 산으로 갔다. 중턱부터 가지마다, 길마다 단풍 잔치다. 다람쥐처럼 신나게 놀다가 가을을 모셔 왔다. 알록달록한 잎을 덖는데 가을 다람쥐처럼 바쁘고 설렌다.

만드는 법	1	먹을 수 있는 나무의 단풍 든 잎을 준비한다.
	2	씻거나 닦아서 자른다.
	3	고온에서 숨을 죽인 뒤 1~2번 비빈다(자체 수분으로 살짝 찌고 덖어도 된다).
	4	덖고 식히기를 되풀이하다가 수분이 어느 정도 빠지면, 온도를 조금씩 낮추며 비비지 않고 덖는다.
	5	수분 점검 뒤 6시간 안팎으로 향매김을 한다.

하나 더　　단풍은 나무에 달린 잎을 모신다.

효능　　잎에 따라 다르다.

먹을 수 있는 단풍　　감나무, 감태나무, 고로쇠나무, 단풍나무, 밤나무, 붉나무, 생강나무, 화살나무, 회잎나무….

달맞이꽃

꽃차(7월)

밤에 피어 달을 맞이하는 꽃이라고 달맞이꽃이다. 아메리카가 고향인데, 이제 우리 땅 어디서나 피는 정다운 꽃이다. 겨우내 땅에 납작 엎드려 꽃방석 모양으로 있던 달맞이꽃, 어느새 꽃줄기가 자라 꽃이 핀다. 한더위 넘어가고 어스름이 내릴 때쯤 피기 시작한다. 잘 들어보면 폭, 폭, 꽃봉오리 터지는 소리가 들린다. 달빛 같은 향이 퍼진다.

만드는 법   1 갓 핀 꽃과 터지려는 봉오리를 준비한다(꽃술을 떼도 된다).
            2 저온에 면 부자기를 깔고 겹치지 않게 놓는다.
            3 수분이 어느 정도 빠지면 온도를 조금씩 높이고, 면 보자기를 들썩이며 덮어
               고온에서 마무리한다.
            4 수분 점검 뒤 1시간 안팎으로 향매김을 한다.

하나 더   이슬이 없고 꽃이 피었을 때 모신다.

효능   혈액순환에 도움이 되고, 해열 · 소염 · 진통 작용을 한다. 감기, 기관지염, 인후염,
            월경불순 등에 좋다.

닭의장풀

꽃차(7월~9월 초)

달개비라고도 한다. 닭장 옆에서 잘 자라 닭의장풀이다. 독한 닭똥 옆에서 잘 산다는 건 생명력이 강하다는 말이다. 뽑아 던져놓아도 잘 살고, 줄기가 땅에 닿으면 마디에서 뿌리를 내려 끊겨도 살아갈 힘이 있다. 생명은 씨앗으로도, 뿌리로도 이어진다. 꽃차를 마신 내 몸에도 닭의장풀 기운이 흐른다.

만드는 법	1 이슬에 젖지 않은 꽃을 준비하고 씨방을 딴다.
	2 저온에 면 보자기를 깔고 겹치지 않게 놓는다.
	3 수분이 어느 정도 빠지면 온도를 조금씩 높이며 덖어 고온에서 마무리한다.
	4 수분 점검 뒤 1시간 안팎으로 향매김을 한다.

하나 더	빛이 강하면 꽃이 오므라든다. 오전 10~12시에 꽃을 모시는 게 좋다.

효능	해열 · 해독 · 이뇨 작용을 한다. 감기, 인후통, 간염, 당뇨 등에 좋다.

더덕

꽃차(8월) | 뿌리차(11~3월) | 꽃음료(8월)

뿌리를 더덕이라 하고 약으로 쓴다. 구이나 무침 같은 나물로 먹고, 찌고 덖어서 차로도 만든다. 향이 나는 더덕 뿌리차는 맛도 좋다. 덖은 뿌리는 다식으로 먹고, 생뿌리는 우유를 넣고 갈아서 먹어도 된다. 꽃차는 생꽃을 우리거나, 덖어서 우린다. 더덕 꽃차에서는 뿌리 향이 난다.

만드는 법	1	갓 핀 꽃을 준비한다.
_ 꽃차	2	15초씩 3번 찌거나, 저온에 면 보자기를 깔고 꽃을 눕혀놓는다.
	3	수분이 이느 정도 빠지고 모양이 집히면, 온노를 소금씩 높이며 덖어
		고온에서 마무리한다.
	4	수분 점검 뒤 1시간 안팎으로 향매김을 한다.

만드는 법	1	뿌리는 껍질째 잘라 찜기에서 30초 정도 찌고 식히기를 3번 되풀이한다.
_ 뿌리차	2	고온에서 덖으며 찌꺼기를 턴다.
	3	수분 점검 뒤 6시간 안팎으로 향매김을 한다.

하나 더 꽃음료 만들기 좋은 꽃이다(꽃음료 243쪽 참고). 생뿌리를 씻어 우유와 설탕을
넣고 갈아서 먹어도 된다.

효능 기관지와 폐를 튼튼하게 하고, 강장·해열·해독 작용을 한다. 오래된 기침, 천식,
고혈압, 동맥경화 등에 좋다.

도라지

꽃차(7월) | 뿌리차(11~3월) | 꽃음료(7월)

아는 선생님 밭에서 도라지 꽃을 모셔 꽃차와 꽃음료를 만들었다. 꽃을 덖어서
향매김을 하고 뚜껑을 여는데 옥수수 뻥튀기 냄새가 난다. 며칠 뒤 우리니 파
란 잉크를 떨어뜨린 듯 찻물이 퍼지고, 시중에 파는 옥수수수염차 맛이 난다.
귀족적인 색과 서민적인 맛이 어우러진 꽃차다. 꽃은 꽃음료를 만들어도 좋고,
뿌리는 쪄서 차로 만든다.

만드는 법	1	갓 핀 색이 짙은 꽃을 준비해 꽃술과 꽃받침을 자른다.
_ 꽃차	2	저온에 면 보자기를 깔고 엎어둔다.
	3	모양이 잡히면 뒤집어 수분을 뺀다. 온도가 높으년 오므라드니 조심한다.
	4	수분이 어느 정도 빠지면 온도를 조금씩 높이며 덖어 고온에서 마무리한다.
	5	수분 점검 뒤 1시간 안팎으로 향매김을 한다.

만드는 법	1	뿌리는 껍질째 잘라 찜기에서 5분 정도 찌고 식히기를 3번 되풀이한다.
_ 뿌리차	2	고온에서 덖으며 찌꺼기를 턴다.
	3	수분 점검 뒤 6시간 안팎으로 향매김을 한다.

하나 더   꽃음료를 살짝 얼려 슬러시로 만들어도 좋다. 꽃을 따서 오래 두면
　　　　　색이 바랜다(꽃음료 243쪽 참고).

효능   혈관과 기관지, 폐를 튼튼하게 하고, 혈당을 낮춘다. 거담 · 배농 · 항염 작용을 한다.
　　　　　감기, 해수, 인후통, 변비, 고혈압, 당뇨 등에 좋다.

돌외

잎차(4~5월)

숲 가장자리에서 자란다. 차를 만드는 덩굴이라고 덩굴차라는 별명이 있다.
별명에 어울리게 판매하는 제품도 있다. 잎은 인삼과 비슷하다. 돌외는 지방
을 분해하고 태우는 효능이 있어 지방 축적을 막아주고, 면역력을 높인다고 알
려졌다. 맛은 쓴 편이다. 돌외 잎차에 감초를 넣으면 쓴맛을 부드럽게 할 수
있다.

만드는 법	1 잎은 씻어서 물기를 뺀다.
	2 고온에서 비벼 숨을 죽인 뒤 덖고 식히기를 되풀이한다
	3 수분이 어느 정도 빠지면 온도를 조금씩 낮추며 비비지 않고 덖어 마무리한다.
	4 수분 점검 뒤 6시간 안팎으로 향매김을 한다.

하나 더 오심, 구토, 어지럼증, 이명 등 부작용이 날 수 있다.

효능 면역력을 높이고, 지방을 분해하는 작용을 한다. 비만, 신경통, 고혈압, 만성 기관지염 등에 좋다.

동백나무 · 애기동백나무

꽃차(동백나무 1~3월, 애기동백나무 11~1월)
꽃음료(동백나무 1~3월, 애기동백나무 11~1월)

겨울부터 이른 봄까지 꽃이 많지 않은 철에 피어 사랑받는다. 샛노란 수술이 모여 피는 동백꽃 꽃말은 '그대를 누구보다 사랑한다'이다. 꽃송이째 툭툭 지는 특성에 어울리는 꽃말이다. 꽃이 질 때 보면 나무 아래가 붉다. 지면서 한 번 더 붉게 피는 꽃, 뜨거운 찻물에서 다시 핀다. 위 사진은 애기동백나무 꽃이다.

만드는 법	1	봉오리나 살짝 핀 꽃을 준비해 꽃받침을 뗀다.
	2	봉오리는 시들게 해서 펴고, 핀 꽃은 찜기에 꽂거나 얹어서 저온에 둔다.
		면 보자기를 깔고 올려도 된다.
	3	꽃 모양이 잡히면 뒤집는다.
	4	수분이 어느 정도 빠지면 온도를 조금씩 높이고, 면 보자기를 들썩이며 덮어
		고온에서 마무리한다.
	5	수분 점검 뒤 1시간 안팎으로 향매김을 한다.

하나 더   꽃음료를 만들면 좋다. 애기동백나무도 같은 방법으로 한다(꽃음료 243쪽 참고).

효능   피를 식혀주고, 지혈·소종 작용을 한다. 코피, 어혈, 타박상, 피부 질환 등에 좋다.

둥굴레

꽃차(4월~5월 초) | 뿌리차(10~2월)

주인집에서 쫓겨난 노비가 어느 날 보니 날아다니더란다. 쫓겨나 산에서 둥굴레를 캐 먹고 살았다 한다. 먹으면 신선처럼 날아다니는 둥굴레로 만든 차라고 둥굴레 뿌리차를 신선차라 한다. 둥굴레는 땅속에서 뿌리줄기가 뻗으며 자란다. 뿌리줄기를 쪄서 덖으면 구수한 맛이 일품이다. 층층둥굴레도 같은 방법으로 한다.

만드는 법	1	싱싱한 꽃과 봉오리를 준비한다.
_ 꽃차	2	서온에 먼 보자기를 낄고 올린다.
	3	모양이 잡히고 수분이 어느 정도 빠지면, 온도를 조금씩 높이며 덖어 고온에서 마무리한다.
	4	수분 점검 뒤 1시간 안팎으로 향매김을 한다.

만드는 법	1	뿌리줄기를 씻어 실뿌리를 뗀다.
_ 뿌리차	2	찜기에서 5분 정도 찌고 식히기를 3~9번 되풀이한다.
	3	수분이 빠지면 고온에서 덖어 마무리한다.
	4	수분 점검 뒤 6시간 안팎으로 향매김을 한다.

| 하나 더 | 어린잎도 덖어 차로 만든다. |

| 효능 | 혈액순환에 도움이 되고, 항산화 작용을 한다. 피로, 두통, 어지럼증, 고혈압, 당뇨 등에 좋다. |

등

꽃차(4월 말~5월) │ 꽃음료(4월 말~5월)

등나무라고도 한다. 꽃이 덩굴 아래로 환하게 핀다. 마치 불을 밝힌 듯 핀다고 '등불을 밝혀라' '등화를 올려라'라는 말이 나왔다. 익은 씨에서 기름을 짜 호롱불 기름으로 썼다고 '등촉을 밝혀라'라는 말도 생겼다. 꽃은 마치 꽃불 놀이를 하는 듯하다. 꽃차와 꽃음료를 만든다.

| 만드는 법 | 1 | 갓 핀 꽃이나 봉오리를 준비한다. 활짝 핀 꽃은 꽃음료를 만든다. |

만드는 법   1 갓 핀 꽃이나 봉오리를 준비한다. 활짝 핀 꽃은 꽃음료를 만든다.

             2 저온에 수분을 어느 정도 뺀 뒤, 온도를 조금씩 높이며 덖어 고온에서
마무리한다.

             3 수분 점검 뒤 2시간 안팎으로 향매김을 한다.

하나 더   꽃음료는 살짝 얼려 슬러시를 만들어도 된다(꽃음료 243쪽 참고).

효능   기운을 돋우고, 청열·진정·진통 작용을 한다. 감기, 변비, 근육통, 소화불량
등에 좋다.

뚱딴지

꽃차(9월 말~10월) | 뿌리차(11월~3월 초)

감자가 아닌데 감자를 닮은 뿌리줄기가 달려 뚱딴지같다고 뚱딴지다. 돼지 사료로 써서 돼지감자라고도 한다. 뚱딴지는 알코올이나 녹말 재료로 쓴다. 당뇨와 다이어트에 효과가 있다고 알려져서 찾는 사람이 많다. 생으로 먹어도 된다. 뚱딴지 장아찌는 먹어본 장아찌 가운데 으뜸이다. 뿌리줄기를 쪄서 덖으면 차도 되고, 다식으로 먹어도 좋다.

만드는 법	1	갓 핀 꽃을 준비한다.
_ 꽃차	2	저온에 면 보자기를 깔고 모양을 잡는다.
	3	수분이 어느 정도 빠지고 모양이 잡히면, 온도를 조금씩 높이고 면 보자기를 들썩이며 덖는다.
	4	수분 점검 뒤 2시간 안팎으로 향매김을 한다.

만드는 법	1	뿌리줄기를 껍질째 깨끗이 씻는다.
_ 뿌리차	2	얇게 썰거나 잘라 5분 정도 찌고 식히기를 3~9번 되풀이한다.
	3	수분이 어느 정도 빠지면 고온에서 덖어 마무리한다.
	4	수분 점검 뒤 6시간 안팎으로 향매김을 한다.

하나 더 뿌리에 녹말이 많아 수분을 잘 빼야 한다.

효능 면역력을 높이고, 해열 · 진통 작용을 한다. 당뇨, 비만, 신경통, 골다공증, 변비 등에 좋다.

만수국 · 천수국

꽃차(8월 말~9월)

만수국과 천수국을 흔히 메리골드라 한다. 만수국은 프렌치메리골드라 하는
데, 아메리카 꽃이 유럽에 전해지고 프랑스에서 크게 사랑받았다는 뜻이다.
천수국은 아메리카 꽃이 아프리카를 거쳐 유럽에 전해졌다고 아프리칸메리골
드라 한다. 만수국과 천수국은 오래 핀다는 뜻이다. 꽃차는 같은 방법으로 만
든다.

만드는 법	1	혀 모양 꽃잎을 자른다.
_ 1	2	저온에 면 보자기를 깔고 겹치지 않게 놓는다. 온도가 높으면 오므라드니 주의한다.
	3	마른 꽃은 가장자리로, 마르지 않은 꽃은 가운데로 옮긴다.
	4	모양이 잡히면 온도를 조금씩 높이고, 면 보자기를 들썩이며 덮어 고온에서 마무리한다.
	5	수분 점검 뒤 2시간 안팎으로 향매김을 한다.

만드는 법	1	꽃을 송이째 준비해 씨방에 구멍을 내고, 찜기 구멍에 꽂아 저온에 둔다.
_ 2	2	수분이 어느 정도 빠지면, 면 보자기에 올려 온도를 조금씩 높이며 덮어 고온에서 마무리한다.
	3	수분 점검 뒤 2시간 안팎으로 향매김을 한다.

하나 더 고온에서 충분히 덮어야 쓴맛이 나지 않는다.

효능 청열 작용을 한다. 시력 저하, 결막염, 감기, 해수, 유방염 등에 좋다.

매실나무

꽃차(3월 중순~4월)

매화는 매실나무 꽃이다. 예부터 매화가 피면 벗을 불러 매화차를 나눠 마셨다
한다. 매화가 벙글면 겨우내 기다린 듯 새들이 찾아와 꽃봉오리를 쪼아댄다.
사군자에 드는 매화는 향기가 그윽하다. 생꽃을 녹차나 뜨거운 물에 띄워도 좋
고, 냉동했다가 우려 마셔도 좋다. 꿀에 재었다가 마시기도 한다. 어떻게 먹어
도 매화 향기가 난다.

만드는 법	1	갓 핀 꽃과 부푼 봉오리를 준비한다.
_1	2	소독한 병에 꽃 한 켜, 꿀 한 켜 번갈아 담는다.
	3	냉장 보관했다가 물에 타서 마신다.

만드는 법	1	갓 핀 꽃이나 봉오리를 준비한다.
_2	2	저온에 면 보자기를 깔고 모양을 잡은 뒤, 중온에서 면 보자기를 들썩이며 덖는다. 팬에서 바로 덖어도 되는데, 색이 잘 변하니 조심한다.
	3	수분이 빠지면 온도를 조금씩 높이며 덖어 고온에서 마무리한다.
	4	수분 점검 뒤 2시간 안팎으로 향매김을 한다.

| 하나 더 | 꿀에 잰 뒤에 뚜껑을 자주 열면 색이 변하기 쉽다. |

| 효능 | 간과 위를 튼튼하게 하고, 심신을 안정시킨다. 갈증, 숙취, 두통, 소화불량, 스트레스 등에 좋다. |

맥문동

꽃차(7~8월) | 뿌리차(11~3월)

맥문동은 산자락에 흔히 자란다. 약으로 써서 농사를 짓기도 한다. 여름에는 꽃이 땅에 깔린 듯 핀다. 땅콩보다 작은 뿌리는 물기가 많아, 목마를 때 캐 먹으면 아삭하고 달콤한 맛이 난다. 덖어두었다가 약차를 만들 때 쓰면 좋다. 공원이나 아파트 나무 밑에 땅을 덮는 지피식물로 심기도 한다.

만드는 법	1	꽃자루째 준비해 1cm 길이로 자른다(훑어서 꽃을 따도 된다).
_ 꽃차	2	숭온에서 온노를 소금씩 높이냐 덖는다(저온에서 모양을 집아 중온부터
		덖어도 된다).
	3	수분이 어느 정도 빠지고 모양이 잡히면, 온도를 조금씩 높이며 덖는다.
	4	수분 점검 뒤 1시간 안팎으로 향매김을 한다.

만드는 법	1	쪄서 말린 뿌리는 심을 뺀다.
_ 뿌리차	2	①을 잘게 자르고, 중온에서 온도를 높이며 덖어 고온에서 마무리한다.
	3	수분 점검 뒤 1시간 안팎으로 향매김을 한다.

| 하나 더 | 뿌리는 심을 뺀 뒤 덖는다. |

| 효능 | 기운을 돋우고, 혈당을 낮춘다. 강심 · 거담 작용을 한다. 기침, 가래, 기관지염, 당뇨, |
| | 갈증, 변비, 스트레스 등에 좋다. |

맨드라미

꽃차(7~8월) | 꽃음료(7~8월)

맨드라미는 예부터 꽃전, 떡, 술, 차로 널리 썼다. 어릴 때는 닭 볏 닮은 꽃이 조화처럼 보였다. 엄마는 술떡을 찔 때 반죽에 맨드라미 잎을 얹어 무늬를 냈다. 꽃은 붉디붉은 차가 된다. 꽃차를 만들고 남은 부분은 꽃음료를 만든다. 꽃음료는 얼음 동동 띄워 마시거나, 살짝 얼려서 슬러시로 즐겨도 훌륭하나.

만드는 법	1	씻어서 씨가 없는 윗부분을 자르고 이물질을 없앤다.
	2	①을 손으로 쪼개어 고온에서 덖는데, 꽃 색이 칙칙해지지 않게 살핀다.
	3	이물질을 자주 털며 덖고, 수분이 어느 정도 빠지면 온도를 조금씩 낮추며 덖는다.
	4	수분 점검 뒤 2시간 안팎으로 향매김을 한다.

하나 더　　잎도 덖어 차를 만든다. 꽃을 덖을 때 가루가 많이 생겨서 알레르기가 나타날 수
있으니 마스크를 쓴다(꽃음료 243쪽 참고).

효능　　눈을 밝게 하고, 지혈 작용을 한다. 코피, 치루, 하혈, 과다월경, 부인병 등에 좋다.

머위

꽃차(3월 말~4월)

머우, 머구, 머굿대라고도 한다. 꽃은 '관동화'라 해서 약으로 쓴다. 머위는 볕이 잘 드는 논둑이나 밭둑에서 자란다. 꽃샘추위 때 꽃이 피는데, 땅에서 환한 연둣빛 주먹이 올라오는 듯하다. 머위 꽃은 찌거나 덖으면 검어지기 쉽다. 송이째 만들 때는 수분을 잘 뺀다.

만드는 법	1 갓 핀 꽃을 송이째 준비한다. 꽃을 낱낱이 떼도 된다.
	2 중온에 면 보자기를 깔고 덖는데, 꽃 색이 칙칙해지기 쉽다(살짝 찐 다음 수분을 빼고 덖어도 된다).
	3 수분이 어느 정도 빠지면 온도를 조금씩 높이며 덖어 고온에서 마무리한다.
	4 수분 점검 뒤 1시간 안팎으로 향매김을 한다.

하나 더	쓴맛이 강하니 짧은 시간 우려서 마신다.

효능	폐를 튼튼하게 하고, 거담 · 해독 · 항염 작용을 한다. 기침, 가래, 기관지염, 편도염, 천식, 어혈, 피부 질환 등에 좋다.

며느리밑씻개

꽃차(7~8월)

가시가 많은 덩굴이다. 새콤한 잎을 따 먹다가 가시에 긁히기도 한다. 줄기가
설 수 없는 덩굴이니 가시로 척척 붙잡고 자란다. 며느리밑씻개는 일제강점기
에 우리나라 식물을 조사·기록하면서 의붓자식밑씻개라는 일본 이름을 차용
한 것이라 한다. 대개는 흰 꽃 끄트머리에 분홍이 올라앉은 듯 귀엽다. 입술을
바른 듯도 하다.

만드는 법	1	봉오리나 갓 핀 꽃을 준비한다.
	2	저온에 면 보자기를 깔고 올린다. 뒤집기도 하는데, 자주 움직이면 부서질 수 있으니 조심한다.
	3	온도를 조금씩 높이고 면 보자기를 들썩이며 덮어 고온에서 마무리한다.
	4	수분 점검 뒤 1시간 안팎으로 향매김을 한다.

하나 더　　활짝 핀 꽃은 낱낱이 떨어진다.

효능　　혈액순환에 도움이 되고, 소종·해독 작용을 한다. 어혈, 타박상, 치질, 피부 질환, 부인병 등에 좋다.

모과나무

꽃차(4월) | 열매차(11월)

어릴 때 별명이 모개였다. 못난이라는 뜻이다. 모과를 모개라 하기도 한다. 약을 치지 않은 모과는 울퉁불퉁해서 못난이로 통했다. 그래도 가을이면 노랗게 익었고, 엄마는 벌레 먹은 곳을 도려내고 설탕에 재어 차를 담갔다. 시고 딱딱한 모과가 향긋하고 새콤달콤한 차가 되었다. 잘라서 말려 차로 만들어도 된다. 못난이라 놀림 받던 모과 꽃은 또 얼마나 고운지!

만드는 법 _ 꽃차	1	봉오리를 준비한다. 활짝 피면 꽃잎이 떨어지기 쉽다.
	2	저온에 면 보자기를 깔고 겹치지 않게 놓는다.
	3	수분이 어느 정도 빠지면 온도를 조금씩 높이고, 면 보자기를 들썩이며 덖는다.
	4	수분 점검 뒤 1시간 안팎으로 향매김을 한다.

만드는 법 _ 열매차	1	모과를 자르고 속을 뺀 다음 얇게 썬다.
	2	꿀이나 설탕에 재었다가 물에 타 마신다.
	3	잘라서 덖거나, 말려서 써도 된다.

| 하나 더 | 꽃을 솎을 때는 남은 꽃이 다치지 않게 조심한다. |

| 효능 | 폐를 튼튼하게 하고, 위를 편하게 한다. 거담 · 지사 · 진통 작용을 한다.
구토, 설사, 기침, 감기, 근육통, 관절통 등에 좋다. |

묏미나리

열매차(10월)

산미나리라는 뜻이다. 산에 자라고 미나리를 닮아서 묏미나리다. 어린잎은 나
물로 먹고, 열매는 차로 만든다. 어느 산골 집에서 묏미나리 차를 대접받은 일
이 있다. 그 집에 가는 길에 많이 본 터라, 자연이 준 선물을 받을 줄 아는 주인
이 존경스러웠다. 그런데 수입한 걸 비싸게 샀고, 묏미나리는 한 번도 보지 못
했단다. 주변에 널렸어도 모르면 그냥 풀이다.

만드는 법   1 묏미나리 열매를 송이째 따서 그늘에 말린다.

2 열매만 훑어 모으고 검불을 턴다.

3 청주에 담갔다가 중온에서 조금씩 온도를 높이며 덖는다.

4 수분 점검 뒤 1시간 안팎으로 향매김을 한다.

하나 더   열매에서 독특한 맛과 향이 난다.

효능   온신산한 · 해열 · 진통 · 소염 작용을 한다. 황달, 숙취, 고혈압, 부인병, 류머티즘,
신경통 등에 좋다.

무궁화

꽃차(7월 말~9월 초)

우리 민족과 나라를 상징하는 꽃이다. 깃봉은 무궁화 봉오리 모양이고, 국회 상징 무늬는 무궁화다. 나라꽃이 차도 되고, 약도 된다. 《동의보감》에 따르면 '무궁화는 성질이 서늘하고 독이 없다. 이질과 풍열을 치료하고 풍을 다스린 다. 꽃가루를 물에 타서 마시면 설사가 멈춘다'고 한다. 꽃 색과 꽃잎 수에 따 라 품종이 많다.

만드는 법	1	갓 핀 꽃을 준비한다.

만드는 법
    1 갓 핀 꽃을 준비한다.
    2 꽃술을 자른 뒤 저온에서 면 보자기를 깔고 놓는다.
    3 수분이 어느 정도 빠지고 모양이 잡히면, 온도를 조금씩 높이며 덖어
        고온에서 마무리한다. 이때 꽃잎끼리 부딪히지 않게 조심한다.
    4 수분 점검 뒤 1시간 안팎으로 향매김을 한다.

하나 더   봉오리나 갓 핀 꽃이 향이 좋다. 잎을 차로 덖어도 된다.

효능   청열 작용을 한다. 위장병, 이질, 장출혈, 피부 질환 등에 좋다.

민들레 · 서양민들레

꽃차(4월) | 뿌리차(11~3월) | 잎차(7~8월)

민들레가 피었다기에 가보니 개가 공놀이하자고 조른다. 개하고 동급 복을 누리며 꽃을 모셨다. 꽃이 진 뒤 동무가 뿌리로 차를 만들자고 한다. 뿌리에 기운이 모이는 가을에 하자고 했다. 자연 기운도 때가 있다. 커피를 마시면 가슴이 뛴다. 커피 대용으로 알려진 민들레 뿌리차는 그렇지 않다. 쓴맛 나는 민들레를 차로 만들면 꽃차, 잎차, 뿌리차 모두 구수하다. 참 좋아하는 차다.

만드는 법 _ 꽃차	1	소금(5%)을 넣은 물에 살짝 찐다(찌지 않고 저온에서 말리다가 덖어도 된다).
	2	저온에서 수분을 빼고 모양을 잡은 뒤, 온도를 조금씩 높이며 여러 차례 덖는다. 가끔 뒤집는다.
	3	수분 점검 뒤 1시간 안팎으로 향매김을 한다.

만드는 법 _ 뿌리차 · 잎차	1	뿌리는 껍질째 잘라 찜기에서 5분 정도 찌고 식히기를 3번쯤 되풀이한다(커피처럼 마시고 싶으면 센 불에 볶은 뒤 빻아서 걸러 내린다).
	2	고온에서 덖으며 찌꺼기를 턴다. 잎은 잘라 고온에서 여러 번 덖는다.
	3	수분 점검 뒤 6시간 안팎으로 향매김을 한다.

하나 더   민들레 꽃에는 흙이 많아 씻어서 만든다. 온도가 맞지 않으면 꽃이 부풀어 오른다.

효능   간을 튼튼하게 하고, 청열 · 청혈 · 지혈 · 항염 · 해독 작용을 한다. 간경화, 결핵, 편도염, 위염, 고지혈증, 당뇨, 피부 질환 등에 좋다.

박태기나무

꽃차(4월 중순~5월 초)

꽃봉오리가 밥풀 모양이다. 밥알을 튀겨놓은 것 같아서 밥튀기, 밥티기 하다가
박태기나무가 되었다고 한다. 우리나라에 주로 심는 박태기나무는 중국 중북
부가 고향이다. 꽃을 송이째 모셔도 되고, 하나씩 떼어서 덖어도 된다. 도무지
먹고 싶은 생각이 들지 않는 꽃인데, 몸에 좋다니 다시 본다.

만드는 법   1 부푼 봉오리와 갓 핀 꽃을 준비한다.
2 중온에서 덖는데, 온도가 높으면 꽃잎이 팬에 달라붙으니 조심한다(면 보자기 위에서 덖어도 된다).
3 수분이 어느 정도 빠지고 모양이 잡히면, 온도를 조금씩 높이며 덖어 고온에서 마무리한다.
4 수분 점검 뒤 1시간 안팎으로 향매김을 한다.

하나 더   활짝 핀 꽃은 덖을 때 부서지기 쉽다.

효능   혈액순환에 도움이 되고, 청열·해독 작용을 한다. 류머티즘, 중풍, 관절통, 고혈압, 부인병 등에 좋다.

박하

꽃차(8월) | 잎차(5~6월)

시골 텃밭 가에서 자라던 풀이 배탈이라도 나면 약이 되었다. 엄마는 박하 잎을 뜯어서 잘근잘근 씹어 먹으라 했다. 깨끗한 잎을 따서 씹으면 박하 향이 입에 퍼지고, 목도 개운했다. 박하사탕 특유의 향이 박하 향이다. 쏘는 듯 화한 향이 음식 먹은 텁텁한 입을 개운하게 한다.

| 만드는 법 | 1 전체를 잘라 바람이 잘 통하는 그늘에서 말린다(꽃과 잎을 따로 말려도 된다). |
| | 2 덖어도 되는데, 향은 줄어들고 맛이 부드러워진다. |

| 하나 더 | 전체를 말려서 쓴다. 생꽃이나 생잎을 우려도 된다. |

| 효능 | 심신을 안정시키고, 해열·해독 작용을 한다. 두통, 인후통, 소화불량, 불면증, |
| | 피부 질환, 스트레스 등에 좋다. |

배롱나무

꽃차(7월~9월 초)

100일 동안 붉다고 백일홍나무, 백일홍나무 하다가 부르기 쉽게 배롱나무가
되었다. 봉긋한 꽃봉오리가 많아서 피는 기간이 길다. 여름이 시작될 때부터
끝날 때까지 핀다. 100일 동안 붉은 셈이다. 보라색과 흰색 꽃도 있다. 질 때
보면 나무 아래 꽃가루를 뿌려놓은 듯하다. 자기 자신한테 꽃을 뿌렸다.

만드는 법	1 갓 핀 꽃을 준비한다. 오래된 꽃을 덖으면 색이 곱지 않다.
	2 중온에서 덖는다(온도가 높으면 급히 오므라드니 주의한다).
	3 수분이 어느 정도 빠지면 온도를 조금씩 높이며 덖어 고온에서 마무리한다.
	4 수분 점검 뒤 1시간 안팎으로 향매김을 한다.

| 하나 더 | 열에 건조해서 덖으면 모양이 살고, 바로 덖으면 색이 곱다. |

| 효능 | 지혈·소종 작용을 한다. 장염, 설사, 과다월경 등에 도움이 된다. |
| | 임산부는 삼가는 게 좋다. |

백목련

꽃차(3월 중순~4월)

연꽃 닮은 꽃이 나무에 피어서 목련이다. 목련에는 목련, 백목련, 산목련이라
고도 하는 함박꽃나무 등이 있다. 흔히 심어 가꾸는 백목련은 고향이 중국이
고, 제주도 숲에 자생하는 게 목련이다. 목련 꽃봉오리를 '신이'라 해서 약으로
쓴다. 함박꽃나무도 차를 만들 수 있는데, 차마 모시지 못한다. 그 자리에서 곱
고 많지도 않기 때문이다. 대체할 백목련이 있다.

만드는 법   1 부푼 봉오리와 갓 핀 꽃을 준비한다. 꽂을 수 있게 가지를 조금 남긴다.
              2 하루 이틀 시들면 껍질을 벗기고 꽃잎을 젖힌다(꽃잎을 떼어 말린 뒤 덖어도 된다.
                 이때 꽃술은 따로 덖는다).
              3 저온보다 조금 높은 온도에서 찜기 구멍에 꽂는다.
              4 수분이 빠지고 모양이 잡히면 가지를 자르고 뒤집는다.
              5 면 보자기에서 온도를 조금씩 높이며 덖어 고온에서 마무리한다.
              6 수분 점검 뒤 6시간 안팎으로 향매김을 한다.

하나 더   핀 꽃은 맛과 향이 덜하니 봉오리로 한다.

효능   소염ㆍ진통 작용을 한다. 두통, 치통, 축농증, 비염 등에 좋다.

벌개미취 · 개미취

꽃차(벌개미취 7~8월, 개미취 8월)

여름 꽃밭에 쑥부쟁이를 닮았는데 짙고 크고 튼튼한 꽃이 피면 벌개미취다. 잎
도 쑥부쟁이보다 크고 넓으며, 주걱 모양이라 표가 난다. 잘 번식하고 무리 지
어 자라서 흔히 심어 가꾼다. 가운데 노란 꽃이 터지지 않은 싱싱한 꽃을 모시
는 게 좋다. 개미취도 같은 방법으로 만든다.

만드는 법	1	저온에 면 보자기를 깔고 갓 핀 꽃을 엎어놓는다.
	2	꽃 상태를 보며 가끔 면 보자기를 들어 식힌다(온도가 높으면 빨리 오므라들고 색이 변한다).
	3	꽃 모양이 잡히면 온도를 높이고, 면 보자기를 들썩이며 덮어 고온에서 마무리한다.
	4	수분 점검 뒤 1시간 안팎으로 향매김을 한다.

하나 더   늦여름부터 가을에 피는 개미취도 같은 방법으로 만든다.

효능   폐와 기관지를 튼튼하게 하고, 이뇨 작용을 한다. 기침, 감기, 천식, 기관지염, 폐렴, 부종 등에 좋다.

벚나무 · 산벚나무 · 왕벚나무

꽃차(4월) | 꽃음료(4월)

버찌가 달리는 나무라고 버찌나무, 버찌나무 하다가 벚나무가 되었다. 벚나무
에는 벚나무, 산벚나무, 왕벚나무 등 종류가 많다. 산벚나무는 우리나라 산에
흔하고, 왕벚나무는 제주도가 고향이다. 버찌는 먹을 수 있고, 꽃은 차가 된다.
꽃을 꿀에 재었다가 마셔도 된다. 닦은 꽃이 찻잔에서 피어나면 봄을 한 번 더
맞는다. 화사하다.

만드는 법	1	갓 핀 꽃을 송이째 준비한다. 부푼 봉오리도 좋다.
	2	저온에 면 보자기를 깔고 펼쳐놓는다.
	3	수분이 어느 정도 빠지면 온도를 조금씩 높이며 넎어 고온에서 마무리한다(수분을 90% 정도 뺀 꽃을 10~15초 찌고 식혀도 된다. 꽃잎에 물이 묻지 않게 하고 빨리 식힌다. 여러 번 하면 향이 더 올라온다).
	4	수분 점검 뒤 2시간 안팎으로 향매김을 한다.

하나 더   산벚나무 꽃이 더 향기롭다. 벚나무 종류는 모두 꽃차를 만들 수 있다(꽃음료 243쪽 참고).

효능   신경을 안정시킨다. 불면증, 소화불량, 변비, 숙취, 기침, 식중독 등에 좋다.

병꽃나무

꽃차(4월 중순~4월 말)

꽃이 병 모양을 닮아 병꽃나무다. 남쪽 지방 산에 가면 흔히 볼 수 있다. 산길에 축축 늘어진 가지마다 꽃이 달린다. 꽃에 꿀이 많아 꿀을 모으는 식물로 좋다. 병꽃나무 꽃이 필 즈음 산에 벌통이 늘어선다. 어린순은 나물로 먹는데, 푸석푸석하고 쌉싸래하다. 꽃은 향이 좋고 달콤하다.

만드는 법	1 갓 핀 꽃을 준비한다.
	2 저온에 면 보자기를 깔고 겹치지 않게 놓는다.
	3 수분이 어느 정도 빠지고 모양이 잡히면, 온도를 조금씩 높이며 덖어
	고온에서 마무리한다(찐 다음 수분을 빼고 덖어도 된다).
	4 수분 점검 뒤 1시간 안팎으로 향매김을 한다.

하나 더   봉오리보다 핀 꽃이 수분 빼기가 좋다.

효능   간을 튼튼하게 하고, 이뇨 작용을 한다. 황달, 소화불량, 식중독, 부종 등에 좋다.

보리

순차(3월)

시골 마을을 지나는데 아저씨가 보리 순을 뽑아서 밭둑으로 툭툭 던진다. 차를
세우고 보리 순을 얻었다. 봄동도 많다며 뽑아주신다. "오다가다 풋고추 열리
면 들르세요. 많으니 나눠 먹읍시다." 복 있는 날이다. 순 올라온 노지 보리를
덖으니 하우스에서 자란 보리보다 단맛이 더하고 구수하다. 고마운 복, 흐르게
해야겠다.

만드는 법	1	한 뼘 정도 자란 보리 순을 준비한다.
	2	고온에서 숨을 죽인 뒤, 덖고 비비고 식히기를 되풀이한다.
	3	비빌 때 뭉친 잎늘 살 털어서 식힌다.
	4	습기가 어느 정도 빠지면 온도를 낮추며 덖는다(온도에 민감하니 타지 않게 주의한다).
	5	수분 점검 뒤 6시간 안팎으로 향매김을 한다.

하나 더   수분이 많으니 비빈 뒤 잘 털어서 식힌다.

효능   혈액순환에 도움이 되고, 면역력을 높인다. 변비, 빈혈, 당뇨, 고혈압, 동맥경화, 비만 등에 좋다.

복사나무

꽃차(4월 초)

산에 들에 절로 자라는 복사나무를 흔히 돌복숭아라 한다. 야생으로 자라거
나, 맛이 덜하거나, 모양이 떨어질 때 '개-' '돌-'이라는 접두사를 붙인다. 복사
나무는 밭에서 농사짓는 나무보다 절로 자라는 돌복숭아 꽃이 곱고 화사하다.
복사나무 꽃을 복숭아꽃, 도화라고 한다.

만드는 법　　　1　봉오리나 갓 핀 꽃을 준비한다.
　　　　　　　2　저온에 면 보자기를 깔고 펼쳐놓은 뒤 가끔 뒤집는다.
　　　　　　　3　모양이 잡히면 온도를 조금씩 높이며 덖다가 고온에서 마무리한다(핀 꽃은
　　　　　　　　　수분을 90% 정도 빼고, 10~15초씩 찌고 식히기를 되풀이한 다음 고온에서
　　　　　　　　　덖는다. 빨리 식혀야 눅눅해지지 않는다).
　　　　　　　4　수분 점검 뒤 2시간 안팎으로 향매김을 한다.

하나 더　　　　벌레가 많은 꽃이니 반드시 고온에서 덖어 마무리한다.

효능　　　　　혈액순환에 도움이 된다. 변비, 월경불순, 소화불량, 기미, 주근깨 등에 좋다.

분꽃

꽃차(7~9월)

열매를 가루 내어 분으로 발라서 분꽃이다. 저녁 무렵 꽃이 피는데, 분꽃이 피면 감자를 깎으러 집으로 갔다. 감자찌개 끓일 때 껍질을 벗기는 게 어린 시절 내 일이었다. 감자를 숟가락으로 깎으면 얼굴에 분을 바른 듯 녹말이 튀었다. 분꽃으로 피리 불고, 귀걸이를 만들어서 놀기도 했다. 추억이 서로 다르듯 꽃마다 찻물 빛깔도 다르다.

만드는 법   1 갓 핀 꽃과 부푼 봉오리를 준비한다.
          2 저온에 면 보자기를 깔고 꽃을 펼쳐놓는다.
          3 수분이 어느 정도 빠지고 모양이 잡히면 온도를 높이며 덖고,
             고온에서 마무리한다.
          4 수분 점검 뒤 1시간 안팎으로 향매김을 한다.

하나 더   온도가 높으면 꽃이 갈색으로 변하기 쉽다.

효능   혈액순환에 도움이 되고, 이뇨 작용을 한다. 특히 씨앗은 기미, 주근깨,
         여드름 등에 좋다.

붓꽃

꽃차(5월 중순~6월 초)

꽃봉오리가 붓을 닮아서 붓꽃이다. 비 오는 날 보면 꽃봉오리에 진한 보랏빛
물감을 적셔놓은 것 같기도 하고, 붓 주인이 나타나 그림을 그릴 것 같기도 하
다. 기다란 초록 잎 위로 피는 꽃이 크고 예쁘고 귀티 난다. 이런 꽃으로 차를
우려 마실 줄은 몰랐다. 정성껏 볶은 붓꽃을 우려놓고 맛보는 걸 미룬다. 찻물
빛깔에 반해서 바보가 되었다.

만드는 법   1 봉오리나 살짝 핀 꽃을 준비한다.

2 저온에 면 보자기를 깔고 겹치지 않게 놓는다.

3 수분이 어느 정도 빠지면 온도를 조금씩 높이며 덖고, 고온에서 마무리한다.

4 수분 점검 뒤 1시간 안팎으로 향매김을 한다.

하나 더   핀 꽃과 덜 핀 꽃으로 만든 차는 찻물 빛깔이 다르다.

효능   뿌리가 산혈·지혈·이뇨·소종 작용을 한다. 어혈, 타박상, 소화불량, 치질, 피부 질환 등에 좋다.

비수리

임차(8월 중순~9월)

빗자루를 만든 풀이라서 비수리다. 약효가 좋다고 알려져 별명이 많다. 산채차, 노우근이라고도 하며, '밤의 문을 열어준다'고 야관문, 뱀을 쫓는다고 사퇴초, 먹으면 천 리 밖에서도 빛이 난다고 천리광이라고도 한다. 잎과 줄기, 뿌리에 플라보노이드 성분이 있다고 한다.

만드는 법 1 꽃이 필 무렵에 가지째 준비한다.

2 잎과 꽃이 붙은 채 2cm 길이로 자른다.

3 고온에서 3~4번 숨을 죽이며 덖는다. 세게 비비면 잎이 떨어지니 주의한다.

4 수분이 어느 정도 빠지면 온도를 낮추며 덖는다.

5 수분 점검 뒤 6시간 안팎으로 향매김을 한다.

하나 더 술을 담가서 마시기도 한다.

효능 신장과 간을 보호하고, 소종 작용을 한다. 만성피로, 관절통, 기침, 감기,
빈혈 등에 좋다.

비트

뿌리차(8월 말~11월)

비트는 '혈관 청소부'라고 알려진 채소다. 뿌리를 차로 덖으면 찻물 빛깔이 곱고, 맛은 들큼하고 구수하다. 비트만 우려서 마셔도 되고, 진달래나 아까시나무 꽃차를 띄우면 비트 차와 함께 꽃을 먹는 재미가 있다. 붉은색이 좋다는 사람한테 선물하니 아이처럼 기뻐한다. 두 번 세 번 자꾸 우러나는 비트 차, 붉다.

만드는 법	1	뿌리는 껍질째 잘라 찜기에서 5분 정도 찌고 식히기를 3번 되풀이한다(건조기에서 수분을 어느 정도 뺀 뒤 고온에서 덖어도 된다).
	2	고온에서 팬 바닥에 비비며 3~5번 덖는다.
	3	수분이 어느 정도 빠지면 비비지 않고 온도를 조금씩 낮추며 덖어 마무리한다.
	4	수분 점검 뒤 6시간 안팎으로 향매김을 한다.

하나 더   붉은 물이 도마나 손에 잘 배는데, 여러 번 씻으면 빠진다.

효능   혈액순환에 도움이 되고, 청혈·강심·강장 작용을 한다. 고혈압, 동맥경화, 변비, 부인병 등에 좋다.

뽕나무 · 산뽕나무

잎차(4월, 10~11월) | 가지차(2~3월)

뽕나무를 알면 건강해진다는 말이 있다. 잎은 나물해 먹고, 가지와 뿌리는 약으로 쓴다. 모두 차로 만들 수 있다. 뽕잎은 혈당을 낮추고 비만을 개선하는데 도움이 된다. 덖은 잎을 가루 내어 물에 타 마셔도 된다. 잎은 여러 번 덖어서 차로 만들고, 가지는 잘라서 자체 수분으로 찌고 덖는다. 맛이 구수하고 들큼하다.

만드는 법 _ 잎차	1	잎은 씻어서 물기를 뺀다. 큰 잎과 서리 맞은 잎은 잘라서 찐다.
	2	고온에서 숨을 죽인 뒤 덖고 비비고 식히기를 되풀이한다.
	3	수분이 어느 정도 빠지면 비비지 않고 넋는다. 이때 부스러기는 털고, 온도를 조금씩 낮추며 마무리한다.
	4	수분 점검 뒤 6시간 안팎으로 향매김을 한다.

만드는 법 _ 가지차(상지차)	1	이른 봄 잎이 나오기 전에 잔가지를 잘라 준비한다.
	2	고온에서 뚜껑을 닫고 자체 수분으로 2시간 찌고 뒤적인 뒤, 2시간 더 찌다가 덖는다.
	3	부스러기는 털고, 수분이 빠지면 온도를 조금씩 낮추며 덖는다.
	4	수분 점검 뒤 6시간 안팎으로 향매김을 한다.

하나 더	열매는 덜 익었을 때 3∼5번 찌고 식히며 고온에서 덖는다.

효능	잎은 혈당을 낮추고, 청열·청혈 작용을 한다. 두통, 당뇨, 고혈압, 중풍, 신장염, 피부 질환 등에 좋다. 가지는 비만, 오래된 기침, 고혈압, 현기증 등에 효과가 있다.

사상자

꽃차(7월) | 열매차(8월)

남자한테 좋다고 소문난 구기자, 복분자, 사상자, 오미자, 토사자 가운데 하나
다. 뱀의 침상 모양 꽃이 피어서 붙은 이름으로, 열매도 사상자라 하며 약재로
쓴다. 양기를 돋우는 성분이 있다고 한다. 꽃차를 만들 때 풋열매는 같이 하고,
익은 열매는 따로 말려서 덖는다. 꽃은 엉키지 않게 조심해서 모신다.

만드는 법	1	갓 핀 꽃을 준비한다.

만드는 법

1 갓 핀 꽃을 준비한다.

2 저온에서 면 보자기에 펼쳐둔다.

3 수분이 이느 징도 빠지니 보양이 잡히면. 온도를 조금씩 높이며 덖는다.
꽃이 엉키거나 떨어지지 않게 면 보자기를 들썩이며 덖어 고온에서 마무리한다.

4 수분 점검 뒤 1시간 안팎으로 향매김을 한다.

하나 더

익은 열매는 햇빛에 말려서 쓴다(고온에서 덖어도 된다).

효능

열매가 자양강장 · 강정 작용을 한다. 원기 부족, 중풍, 대하증을 포함한
부인병 등에 좋다.

산국

꽃차(10월)

산에 들에 노란 국화가 피었다. 주로 산국이다. 꽃이 피기만 해도 좋은데, 한 송이 한 송이 모시며 웃음이 난다. 무슨 복이 있어서 이렇듯 자연의 복을 누리나 싶다. 꽃을 따서 입에 넣는데, 이크! 진짜 쓰다. 산국은 대추와 감초 달인 물에 데친 뒤 덖고, 짧은 시간 우려 마신다.

만드는 법	1	갓 핀 꽃을 준비한다.
	2	대추와 감초 달인 물에 데친 뒤 찬물에 식힌다(소금물에 데쳐도 된다).
	3	물기를 빼고 중온에서 고온까지 소금씩 높이며 덖는다.
	4	수분 점검 뒤 2시간 안팎으로 향매김을 한다.

하나 더   대추와 감초 달인 물에 데치면 쓴맛이 덜하다. 꽃이 많을수록 짧은 시간 우린다.

효능   혈관을 튼튼하게 하고, 해독 · 해열 · 진정 작용을 한다. 감기, 두통, 비염, 동맥경화, 고혈압, 현기증 등에 좋다.

산수국

꽃차(6월 말~7월)

산수국 차를 흔히 이슬차라 하는데, 이슬차를 만드는 식물과 다르다. 이슬차
는 단맛이 나지만, 산수국은 달지 않다. 산수국은 주로 기온차가 많이 나는 산
기슭에 자란다. 흙에 따라 꽃 색이 다르다. 곤충을 불러 모으는 헛꽃과 진짜 꽃
이 같이 있고, 둘 다 차로 만든다. 산수국 꽃차를 마시면 그 산에 있는 듯하다.

만드는 법　　1 갓 핀 꽃을 준비한다.

2 저온에 면 보자기를 깔고 펼쳐놓는디(헛꽃은 접은 면 보지기로 살짝 눌러
수분을 빼고, 온도를 조금씩 높이며 덖어도 된다).

3 수분이 빠지고 모양이 잡히면 온도를 조금씩 높이며 덖고, 고온에서 마무리한다.

4 수분 점검 뒤 1시간 안팎으로 향매김을 한다.

하나 더　　　수분이 어느 정도 빠지면 뒤집어서 고루 덖는다.

효능　　　　혈액순환에 도움이 되고, 청열 · 청혈 작용을 한다. 두통, 비만, 당뇨 등에 좋다.

산수유

꽃차(3~4월) ｜ 열매차(12~2월)

이른 봄에 피는 노란 꽃나무다. 집 둘레나 밭에 심어 가꾼다. 이른 봄, 산에
서 피는 노란 꽃은 생강나무다. 산수유 꽃이 필 때 구례 산수유마을은 꽃동네
다. 열매를 얻는 나무니 꽃을 숨듯이 모신다. 열매는 익어도 신맛이 강하다. 씨
를 빼고 말린 걸 파는데, 여러 번 쪄서 덖으면 색은 거뭇해지고 맛은 부드러워
진다.

만드는 법
_ 꽃차

1 살짝 핀 꽃을 준비한다.

2 고온에서 꽃 색이 번지지 않게 주의하며 덖는다(찌고 덖어도 된다).

3 수분이 빠지면 온도를 조금씩 낮추며 덖는다. 이때 부스러기를 털어내야 차 맛이 깔끔하다.

4 수분 점검 뒤 2시간 안팎으로 향매김을 한다.

만드는 법
_ 열매차

1 씨를 뺀 열매를 준비한다.

2 찌고 식히는 과정을 하루 안팎으로 여유를 두고 9번 정도 되풀이한다.

3 찔수록 검어지는데, 마지막에 고온에서 몇 번 덖는다.

4 수분 점검 뒤 2시간 안팎으로 향매김을 한다.

하나 더

꽃과 열매를 같이 우려 마시면 좋다.

효능

눈과 신장을 튼튼하게 하고, 강장·강정 작용을 한다. 원기 부족, 어지럼증, 이명, 부인병 등에 좋다.

살구나무

꽃차(3월 중순~4월 중순)

커다란 살구나무에 꽃이 피면 마을이 환했다. 요즘은 아파트 뜰이나 공원에도 있는데 큰 나무는 드물다. 꽃에 동박새가 찾아오면 선물 받은 기분이다. 동무는 살구꽃이 피면 매화랑 뭐가 다른지 묻는다. "살구는 꽃받침이 뒤로 젖혀지고, 매화는 젖혀지지 않는다"고 알려줘도 해가 바뀌면 또 묻는다. 달라도 같아 보일 수 있다.

만드는 법   1 갓 핀 꽃과 봉오리를 준비한다.

                    2 면 보자기를 깔고 저온에서 말리다가 집게로 한 번씩 뒤집는다.

                    3 수분이 어느 정도 빠지고 모양이 잡히면, 면 보자기를 들썩이며 덮어
                       고온에서 마무리한다.

                    4 수분 점검 뒤 2시간 안팎으로 향매김을 한다.

하나 더   핀 꽃은 엎어서 모양을 잡는다.

효능   기력을 보충하는 효과가 있다. 비만, 수족 냉증 등에 좋다.

삼색제비꽃

꽃차(4~5월) | 꽃음료(4~5월)

심어 가꾸는 꽃으로, 흔히 팬지라 한다. 삼색제비꽃은 생꽃을 먹을 수 있어서
비빔밥이나 샐러드에 얹어도 된다. 물론 깨끗한 곳에 있고 약을 치지 않은 꽃
을 쓴다. 아는 선생님이 삼색제비꽃을 가꾸는데 색이 가지가지다. 차를 덖으니
색마다 찻물을 보는 즐거움이 크다. 꽃음료를 만들어도 훌륭하다. 살짝 얼려서
슬러시를 만들면 좋다.

만드는 법   1 활짝 핀 꽃을 준비해 씻는다.

                2 물기를 뺀 뒤 저온에 면 보자기를 깔고 겹치지 않게 엎어놓는다.

                3 수분이 어느 정도 빠지고 모양이 잡히면 뒤집는다.

                4 면 보자기 위에서 중온이나 조금 낮은 곳부터 온도를 조금씩 높이며 덮어
                    고온에서 마무리한다.

                5 수분 점검 뒤 2시간 안팎으로 향매김을 한다.

하나 더   삼색제비꽃이 등록된 이름이다(꽃음료 234쪽 참고).

효능   혈관을 튼튼하게 하고, 청열·소염·진통 작용을 한다. 기관지염, 신경통, 관절염,
           고혈압 등에 좋다.

생강나무

꽃차(3월 중순~4월 초) | 잎차(4월) | 가지차(2~3월)

잎과 가지에서 생강 냄새가 난다고 생강나무다. 이른 봄 산에서 노랗게 꽃이 피는 나무다. 김유정의 단편소설 〈동백꽃〉에 '한창 피어 퍼드러진 노란 동백꽃 속으로…'라는 구절에서 노란 동백꽃이 생강나무 꽃이다. 동백처럼 씨로 기름을 짜 머릿기름으로 써서 강원도나 경상북도에서는 동백이라고도 한다. 암나무 수나무가 따로 있고, 수꽃이 더 풍성하다.

만드는 법	1	갓 핀 꽃을 준비한다.
_ 꽃차	2	고온에서 바로 덖는데, 타지 않게 손을 빨리 움직인다.
	3	껍질이나 부스러기를 자주 털어내야 차 맛이 깔끔하다.
	4	수분이 어느 정도 빠지면 온도를 조금씩 낮추며 덖는다.
	5	수분 점검 뒤 2시간 안팎으로 향매김을 한다.

만드는 법	1	어린잎을 준비한다. 큰 잎과 단풍 든 잎은 질라서 쓴다.
_ 잎차	2	고온에서 숨을 죽인 뒤, 덖고 비비고 식히는 과정을 3~5번 되풀이한다.
		덖은 뒤 뜨겁고 수분이 있을 때 여러 번 비벼야 맛난 차가 된다.
	3	수분이 어느 정도 빠지면 온도를 조금씩 낮추며 거듭 덖는다.
	4	수분 점검 뒤 6시간 안팎으로 향매김을 한다.

만드는 법	1	가지는 고온에서 여러 번 덖는다.
_ 가지차	2	부스러기를 자주 털어낸다.
	3	수분 점검 뒤 6시간 안팎으로 향매김을 한다.

| 하나 더 | 부스러기를 자주 털며 덖는다. |

| 효능 | 위를 따뜻하게 하고, 혈액순환에 도움이 된다. 소화불량, 어혈, 타박상, 근육통, |
| | 피부 질환, 산후통 등에 좋다. |

석류나무

열매차(12월) | 꽃차(6월~7월 초)

열매가 붉다. 꽃도 붉다. 초록 잎 사이에서 피는 꽃이 눈에 띈다. 홍일점이라
는 말이 여기서 나왔다. 중국 송나라 시인 왕안석이 만록총중홍일점(萬綠叢中
紅一點)이라 했다. 짙푸른 잎사귀 가운데 한 송이 붉은 꽃이 석류꽃이다. 남자
들 사이에 홀로 있는 여자로도 풀이한다. 열매는 알맹이와 껍질 모두 차로 만
든다.

만드는 법	1	석류 알맹이를 말린다.
열매차	2	껍질은 잘라서 20초씩 3~4번 찌고 식힌다.
	3	②를 중온부터 조금씩 높이며 덖어 고온에서 마무리한다.
	4	③과 ①을 섞어서 덖는다.
	5	수분 점검 뒤 2시간 안팎으로 향매김을 한다.

만드는 법	1	갓 핀 꽃을 준비한다.
_ 꽃차	2	송이째 쓰거나 반 가른 꽃으로 저온에서 모양을 잡는다.
	3	수분이 어느 정도 빠지면, 면 보자기에 놓고 온도를 조금씩 높이며 덖어 고온에서 마무리한다.
	4	수분 점검 뒤 2시간 안팎으로 향매김을 한다.

| 하나 더 | 껍질은 오래 찌면 물러져 엉겨 붙으니 조심한다. |

| 효능 | 동맥경화, 월경불순, 갱년기장애, 감기, 비만, 탈모 등에 좋다. |

섬초롱꽃

꽃차(6월)

혼례식에 쓰던 청사초롱을 닮아서 초롱꽃이다. 울릉도 숲에서 자라고 털이 적은 종류를 섬초롱꽃이라 한다. 요즘은 심어 가꿔 쉽게 볼 수 있다. 어릴 때 초롱꽃에 개미를 넣고 "개미야, 개미야 불 켜라. 청사초롱에 불 켜라" 하고 놀았다. 꽃에 갇힌 개미가 놀라 개미산을 내놓으면 꽃에 빨간 점이 생기는데, 불을 켰다고 좋아했다. 초롱꽃을 보면 개미한테 미안하다.

만드는 법	1	싱싱한 꽃과 부푼 봉오리를 준비한다.
	2	저온에 며 보자기를 깔고 꽃을 눕혀놓는다.
	3	수분이 어느 정도 빠지고 모양이 잡히면 뒤집는다.
	4	온도를 조금씩 높이며 덮어 고온에서 마무리한다.
	5	수분 점검 뒤 1시간 안팎으로 향매김을 한다.

하나 더   초롱꽃도 같은 방법으로 만든다.

효능   해독·청열 작용을 한다. 두통, 인후염, 천식 등에 좋다.

소나무

꽃차(4월 말~5월 초)

송화는 소나무 꽃이다. 암꽃과 수꽃이 한 그루에 핀다. 소나무 수꽃의 꽃가루를 모아 만드는 송화차는 예부터 귀히 여겼다. 노란 꽃가루가 창문으로 날아들기 전에 꽃을 모신다. 꽃을 쟁반 같은 데 놓고 바람은 통하되, 가루는 날리지 않게 한다. 마르면 꽃가루를 털어 모은다. 물에 타서 꿀을 넣고 마시거나, 꿀에 재었다가 마신다. 소나무 기운을 마신다.

만드는 법	1	수꽃을 잘라 꽃가루가 흩어지지 않게 말린다.
	2	①을 털고 삼베 보자기에 싸서 가루만 거른다(체를 써도 된다).
	3	수분 점검 뒤 1시간 안팎으로 향매김을 해서 보관한다.
	4	물에 타서 마실 때 꿀을 넣는다.

하나 더   송홧가루에 꿀을 넣고 뭉치면 다식이 된다.

효능   혈관을 튼튼하게 하고, 항산화 작용을 한다. 고혈압, 당뇨, 신경통, 중풍,
치매 등에 좋다.

소엽

잎차(6~8월)

자소엽, 차즈기라고도 한다. 들깻잎을 닮았는데, 자줏빛이고 향이 짙다. 앞뒤가 자주색인 것도 있고, 옅거나 뒤만 자줏빛인 것도 있다. 채소로 먹기도 하지만, 차를 만들면 좋다. 물 온도에 따라 찻물 색이 달라진다. 인삼이나 귤 껍질 차를 같이 우려도 된다. 가벼운 감기와 소화불량에 좋다니, 비상약처럼 가까이 두고 마시고 싶다.

만드는 법	1	잎을 씻어 자른다.
	2	고온에서 숨을 죽인 뒤, 비비고 식히는 과정을 3번 정도 되풀이한다.
	3	수분이 어느 정도 빠지면 온도를 조금씩 낮추며 덖어 마무리한다.
	4	수분 점검 뒤 6시간 안팎으로 향매김을 한다.

하나 더   그늘에서 말린 뒤 우려도 된다.

효능   면역력을 높이고, 해독 작용을 한다. 감기, 소화불량, 해수, 천식 등에 좋다.

수레국화

꽃차(6월~7월 초)

예전에는 낯설었다. 요즘은 절개지나 사람이 모이는 곳에 흔히 심어 가꾼다.
꽃이 수레바퀴를 닮아 수레국화가 되었다고도 하지만, 일본 이름 야구루마기
쿠(矢車菊)에서 구루마기쿠를 빌려서 그렇게 부른 듯하다. 야구루마는 화살집
을 말하는데, 수레국화 꽃이 새 깃을 단 화살을 꽂은 모양이다. 수레국화 차는
맛보다 찻물 색이 곱다.

만드는 법	1	싱싱한 꽃을 준비한다(꽃잎을 따도 된다).
	2	저온에 면 보자기를 깔고 수분을 뺀다.
	3	수분이 어느 정도 빠지고 모양이 잡히면, 온도를 조금씩 높이며 덖어 고온에서 마무리한다.
	4	수분 점검 뒤 1시간 안팎으로 향매김을 한다.

하나 더   빛깔별로 덖어두면 떡이나 요리, 홍차 등에 곁들이기 쉽다.

효능   쓸개즙 분비를 촉진하고, 이뇨·살균 작용을 한다. 콩팥염, 방광염, 간염, 담도염 등에 좋다.

수세미오이

열매차(8~9월)

열매를 수세미로 쓰고, 모양이 오이를 닮아 수세미오이이다. 수세미, 수세미외라
고도 한다. 줄기에서 받은 수액이 피부 미용에 좋아 화장품 재료로 쓴다. 열대
아시아가 고향인 재배식물이다. 울타리나 담장, 지붕에 덩굴로 자라 햇빛을 가
려준다. 어리고 연한 열매는 반찬을 해 먹고, 열매는 기침이나 천식에 좋다.

만드는 법	1	덜 익은 열매를 동글납작하게 썬다. 큰 것은 자른다.
	2	수분이 많아 소쿠리보다 건조기에서 말리면 좋다.
	3	수분이 어느 정도 빠지면 고온에서 덖고 식히기를 되풀이한다.
	4	수분 점검 뒤 2시간 안팎으로 향매김을 한다.

하나 더   설탕에 재었다가 마셔도 좋다.

효능   청혈 · 해독 작용을 한다. 기침, 천식, 비염, 변비, 신장염 등에 좋다.

싸리

꽃차(6월)

싸리나무라고도 한다. 예전에 싸리로 빗자루를 만들었다. 마을 곳곳에 싸리비를 달아놓고 일요일이면 아이들이 모여 골목을 쓸었다. 줄기는 광주리를 만든다. 연기가 많이 나지 않아 땔감으로 인기가 좋았다. 싸리나무에는 싸리, 참싸리, 조록싸리, 털조록싸리, 해안싸리, 해변싸리 등이 있다. 모두 차를 만들 수 있다. 찻물 빛이 고운데, 시간이 지나면 바뀐다.

만드는 법   1 갓 핀 꽃이나 부푼 봉오리를 준비한다.

2 저온에 면 보자기를 깔고 수분을 뺀다.

3 꽃 모양이 잡히면 온도를 조금씩 높이며 덖어 고온에서 마무리한다(찌거나 덖어서 찧은 뒤, 동그랗게 뭉쳐 수분을 빼고 덖어도 된다).

4 수분 점검 뒤 1시간 안팎으로 향매김을 한다.

하나 더   부드럽게 비벼 덖으면 찻물 색이 더 곱다.

효능   콩팥과 혈관을 튼튼하게 한다. 두통, 피부 질환 등에 좋다.

쑥

꽃차(9월) | 잎차(3월~단오)

쑥쑥 잘 자라서 쑥이다. 쑥대가 올라와 무성한 땅을 쑥대밭이라 하고, 쑥대머리는 쑥대가 자란 듯 헝클어진 머리를 말한다. 자연에 빗댄 비유나 속담을 전보다 덜 쓰는 건 우리 삶이 자연과 멀어졌기 때문이다. 잎차는 단오 때까지 언제 만들어도 좋다. 꽃차는 가을에 만든다. 쑥차는 맛과 향, 찻물 빛깔… 어느 하나 빠지지 않는다.

만드는 법	1	꽃 핀 줄기를 잘라 2cm 길이로 자른다.
_ 꽃차	2	고온에서 숨을 죽이며 덖고, 부스러기를 털어낸다.
	3	수분이 어느 정도 빠지면 온도를 조금씩 낮추며 덖는다.
	4	수분 점검 뒤 2시간 안팎으로 향매김을 한다.

만드는 법	1	쑥을 준비한다. 자란 잎은 잘라서 쓴다.
_ 잎차	2	고온에서 덖고 비비고 식히기를 되풀이한다.
	3	수분이 어느 정도 빠지면 비비지 않고 온도를 낮추며 덖어 마무리한다.
	4	수분 점검 뒤 6시간 안팎으로 향매김을 한다.

| 하나 더 | 쑥 꽃은 알레르기가 날 수 있으니 마스크를 하고 덖는다. 쑥 꽃 알레르기가 있는 사람은 먹지 않는 게 좋다. |

| 효능 | 혈액순환에 도움이 되고, 청혈 · 강심 · 강장 작용을 한다. 고혈압, 소화불량, 대하증, 부인병 등에 좋다. |

아까시나무

꽃차(5월) | 꽃음료(5월)

흔히 아카시아라 하는데, 등록된 이름이 아까시나무다. 생꽃을 먹으면 단맛이 나서, 튀김이나 전을 해도 좋다. 앞산 뒷산에 하얗게 핀 꽃이 때가 지나면 후두 두 떨어져 자연으로 돌아간다. 높은 산이나 북쪽으로 올라가 꽃을 한 번 더 만 나기도 한다. 아까시나무 꽃차는 우린 뒤 쫄깃하고 달큰한 꽃을 먹는 재미가 있다.

만드는 법	1 갓 핀 꽃과 부푼 봉오리를 준비한다.
	2 저온에 면 보자기를 깔고 겹치지 않게 놓는다.
	3 수분이 어느 정도 빠지면 온도를 조금씩 높이며 덖어 고온에서 마무리한다.
	4 수분 점검 뒤 2시간 안팎으로 향매김을 한다.

하나 더   꽃음료를 만들면 향도 맛도 그만이다(꽃음료 243쪽 참고).

효능   객혈, 장출혈, 치질 등에 좋다.

약모밀

꽃차(6월) | 잎차(6월)

생선 비린내가 나는 풀이라고 어성초라고도 한다. 잎만 깔끔하게 덖으려고 잘라서 고온에 덖고 비볐다. 비린내가 심해 속이 메스껍고 울렁거렸다. 몇 번이나 화장실에 뛰어갔다. 약모밀은 그늘에서 말리면 비린내가 사라진다. 그냥 말려서 쓰면 된다. 꽃차도 비린내가 나지 않고 꽃 특유의 달큼한 맛과 향이 난다.

만드는 법　1　싱싱한 꽃을 준비한다.
　　　　　　　2　저온에 면 보자기를 깔고 겹치지 않게 놓는다.
　　　　　　　3　수분이 어느 정도 빠지고 모양이 잡히면, 온도를 조금씩 높이고 면 보자기를
　　　　　　　　　들썩이며 덮어 고온에서 마무리한다.
　　　　　　　4　수분 점검 뒤 2시간 안팎으로 향매김을 한다.

하나 더　　잎은 바람이 잘 통하는 그늘에서 말린다. 뿌리도 쪄서 덖어 차로 만든다.

효능　　　청열 · 해독 · 이뇨 작용을 한다. 폐렴, 습진, 무좀 등에 좋다.

양파

껍질차(6~12월)

양파는 몸에 좋은 채소다. 파를 닮았는데 뿌리가 주먹만 하다고 별명이 주먹파다. 흔히 반찬으로 만들고, 즙을 짜서 먹는다. 양파 껍질에는 혈액순환을 돕고 콜레스테롤을 분해하며 혈압을 낮추는 성분이 있다. 껍질 속 비늘줄기는 먹고, 껍질은 차를 만든다. 찻물 색이 곱고 맛도 좋다.

만드는 법	1	껍질을 벗겨서 씻고 자른다.
	2	죽우부터 조금씩 온도를 높이며 덖어 고온에서 마무리한다.
	3	수분 점검 뒤 1시간 안팎으로 향매김을 한다.

하나 더   비늘줄기가 들어가면 양파 냄새가 나니 껍질만 쓴다.

효능   혈액순환에 도움이 된다. 동맥경화, 당뇨, 불면증, 변비, 비만, 치매 등에 좋다.

여주

열매차(7~8월)

초록 잎 사이에서 노란 꽃이 핀다. 덜 익은 열매가 쓴맛이 나서 '쓴오이'라고도
한다. 도깨비방망이같이 생긴 어린 열매는 반찬을 해 먹고, 덖어서 차로 만들
면 쓴맛이 줄어들고 구수하다. 열매가 익어 터지면 빨간 속이 드러나고 씨가
보인다. 빨간 과육을 빨아 먹으면 납작한 씨가 나온다. 이듬해 심어달라고.

만드는 법	1	덜 익은 열매를 준비한다.
	2	동글납작하게 썰어 큰 것은 자르고, 씨가 영근 것은 속을 파낸다.
	3	소쿠리에 면 보자기를 깔고 말리거나, 건조기에서 수분을 뺀다.
	4	수분이 어느 정도 빠지면 고온에서 덖고 식히기를 되풀이한다.
	5	수분 점검 뒤 2시간 안팎으로 향매김을 한다.

하나 더   큰 것은 잘라서 덖는다. 쪄서 식힌 뒤 덖으면 쓴맛이 덜하다.

효능   청열·해독 작용을 한다. 열사병, 당뇨, 고혈압, 이질 등에 좋다.

연꽃

꽃차(7~8월) | 잎차(7~8월) | 뿌리차(10~2월)

연이라고도 한다. 잎자루와 뿌리줄기인 연근에 난 구멍은 뿌리까지 공기를 나르는 길이다. 물에서 썩지 않고 사는 물풀의 지혜다. 잎 가운데 쏙 들어간 곳은 숨구멍이다. 차는 흰 꽃인 백련으로 만든다. 꽃, 잎, 씨방, 연근 모두 차가 된다. 생꽃이나 냉동한 꽃을 우려도 좋고, 통째로 말려도 된다. 어떤 방법으로 만들어도 연꽃 향이 난다.

만드는 법
_ 꽃차

1 꽃잎을 1×1cm 크기로 자른다. 고온에서 덖고 비비고 식히기를 되풀이한다.
   수분이 빠지면 온도를 조금씩 낮추며 덖는다.
2 씨방은 0.2cm 두께로 자르고, 잎자루는 어슷하게 썰어 중온에서 덖는다.
   수분이 조금 남았을 때 ①과 섞어 덖는다.
3 수술은 중온보다 조금 높은 온도로 덖는다.
4 ①∼③을 섞어 고온에서 마무리한다(연꽃에서 씨방만 잘라내고 저온에서
   말리다가 연잎 차를 채워서 묶은 뒤, 서서히 덖으면 주머니 모양 연낭차가 된다).
5 수분 점검 뒤 2시간 안팎으로 향매김을 한다.

만드는 법
_ 잎차

1 꺼끌꺼끌한 잎을 준비해 자른다.
2 고온에서 숨을 죽이고 비비고 식히기를 되풀이한다.
3 수분이 어느 정도 빠지면 온도를 낮추며 덖고, 부스러기는 턴다.
4 수분 점검 뒤 6시간 안팎으로 향매김을 한다.

만드는 법 _ 뿌리차(연근차)	1	연근은 껍질을 벗기고 0.5cm 두께로 자른다.
	2	뜨거운 물에 데친 뒤 찬물에 식힌다.
	3	색을 입힐 꽃차나 즙(노라지, 근남계굿, 맨드라미, 비트, 꾸지뽕나무 열매, 시금치, 쑥, 포도 껍질…)에 3시간 안팎으로 담가 물을 들인다.
	4	물이 들면 그늘에서 말린다(건조기에서 50℃ 이하로 말려도 된다).
	5	모양이 틀어지지 않게 중온에서 조금씩 높이며 덖는다(좋아하는 약재 달인 물을 뿌리며 덖어도 된다).
	6	수분 점검 뒤 6시간 안팎으로 향매김을 한다.

하나 더   잎을 잘라 며칠 냉장 보관하여 숙성시켜서 덖으면 향이 더 짙다.

효능   심신을 안정시키고, 지혈 · 해열 작용을 한다. 코피, 빈혈, 소화불량, 감기, 비만,
고혈압, 치매 등에 좋다.

예덕나무

잎차(4월 말~5월) | 가지차(2~3월)

남해안이나 제주도에 흔히 자란다. 새잎이 날 때는 꽃처럼 붉다. 예덕나무는
위에 좋다고 알려졌다. 언젠가 제주도 사람이 물병을 여러 개 가져왔다. 예덕
나무 잎을 삶은 물이란다. 보약 먹는 기분이었다. 잎은 썰어서 덖는데, 털이나
부스러기는 턴다. 해풍을 견디고 자란 나무, 필요한 사람한테 약도 되고 차도
된다.

만드는 법	1	어린잎을 준비한다. 큰 잎은 자른다.
_ 잎차	2	고온에서 숨을 죽여 덖고 비비고 식히기를 2~3번 되풀이한다(15초씩 쩌서
		2~3번 넣어노 된나).
	3	수분이 어느 정도 빠지면 온도를 조금씩 낮추며 덖는다. 부스러기는 턴다.
	4	수분 점검 뒤 6시간 안팎으로 향매김을 한다.

만드는 법	1	이른 봄, 잎이 나오기 전에 잔가지를 잘라 준비한다.
_ 가지차	2	고온에서 뚜껑을 닫고 자체 수분으로 4시간 정도 찐다. 가끔 뒤적인다.
	3	수분이 어느 정도 빠지면 부스러기를 털고, 온도를 조금씩 낮추며 덖는다.
	4	수분 점검 뒤 6시간 안팎으로 향매김을 한다.

하나 더 잔가지를 고온에서 바로 덖어도 된다. 잎차는 가루 내서 물에 타 마셔도 된다.

효능 껍질이 위를 튼튼하게 하고, 이뇨 작용을 한다. 위궤양, 십이지장궤양, 고혈압
등에 좋다.

옥수수

수염차(7~8월)

옥수수를 벗기는데 수염이 싱싱하다. 수염을 따로 모아 두 번이나 덖었다. 시중에 파는 옥수수수염차보다 구수하고 맛있다. 얼마 뒤 찰옥수수를 박스째 샀는데, 큰아이가 껍질이랑 수염을 쓸어 담더니 버리러 나간다. 그냥 두면 엄마가 땀 뻘뻘 흘리며 덖을 게 뻔하다고. 못 이기는 척 가만히 있었다. 뭐든 쉬면서 해야 한다.

만드는 법	1 깨끗한 옥수수수염을 씻어서 물기를 뺀다.
	2 적당히 자른 뒤 중온에서 고온까지 조금씩 높이며 덖는다.
	3 구수한 냄새가 나고 수분이 빠지면, 타지 않게 손을 빨리 움직이며 덖는다.
	4 수분 점검 뒤 1시간 안팎으로 향매김을 한다.

하나 더 갈색으로 변하지 않은 옥수수수염을 쓴다.

효능 이뇨 작용을 한다. 전립샘비대증, 황달, 고혈압, 당뇨 등에 좋다.

우엉

뿌리차(11~2월)

우엉은 유럽, 시베리아, 만주 등이 고향이다. 우리나라에서는 심어 가꾸는 재배
식물이다. 밭 가장자리에 퍼져 자라기도 한다. 아삭하고 맛있어 조림, 튀김, 김
밥 소 등으로 쓴다. 섬유소가 많아 다이어트에 좋다고 알려지면서 우엉차를 찾
는 사람이 늘었다. 여러 번 찌고 덖은 우엉은 군음식이나 다식으로도 먹는다.

만드는 법	1	굵지 않은 우엉을 씻는다.
	2	껍질째 잘게 썰거나 어슷 썰어서 5분 정도 찌고 식히기를 3번 되풀이한다.
	3	고온에서 덖다가 수분이 어느 정도 빠지면 온도를 조금씩 낮추며 덖는다. 부스러기를 자주 털어내야 차 맛이 깔끔하다.
	4	수분 점검 뒤 6시간 안팎으로 향매김을 한다.

하나 더　　대추, 감초, 당귀 등 약재 달인 물을 뿌리며 덖어도 된다. 찌고 식히기를 몇 번 되풀이한 뒤 고온에서 덖으면 다식으로 먹을 수 있다.

효능　　신장을 튼튼하게 하고, 청열·해독·이뇨 작용을 한다. 변비, 비만, 빈혈, 월경통, 피부 질환 등에 좋다.

원추리

꽃차(7월)

흰초가 원추리로 변했다. 원추리를 몸에 지니면 아들을 낳는다고 의남초, 아들을 못 낳은 여인의 근심을 덜어준다고 망우초, 어린순을 나물해 먹는다고 넘나물이라고도 한다. 마른 꽃으로 술도 담근다. 원추리 꽃에는 독성이 있어 생꽃으로 차를 만들지 않는다. 덖은 꽃을 우리니 맑고 노란 찻물이 퍼진다.

만드는 법	1	핀 꽃이나 꽃봉오리를 준비한다. 꽃술은 떼어낸다.
	2	꽃잎을 분리하거나 송이째 중온에 둔다.
	3	습기가 어느 정도 빠지면 면 보자기 위에서 온도를 조금씩 높이며 넘고, 고온에서 마무리한다.
	4	수분 점검 뒤 1시간 안팎으로 향매김을 한다.

하나 더　　찌거나 데쳐서 덖어도 된다.

효능　　자양강장, 피로 회복, 숙취 해소 등에 좋다.

유채

꽃차(4월)

씨로 기름을 짜는 채소라서 유채다. 카놀라유도 유채 종류에서 짠 기름이다. 제주도나 남해안 지역에서 널리 심어 가꾼다. 겨울난 잎은 쌈, 김치, 나물로 먹는다. 겨울을 난다고 월동초, 겨울초라고도 한다. 유채꽃이 피면 봄이 더 환하고 따뜻하게 느껴진다. 꽃은 꽃전을 부쳐 먹고, 차를 만들기도 한다.

만드는 법	1	봉오리나 살짝 핀 꽃을 준비한다.
	2	꽃줄기째 사용하거나 꽃을 하나씩 떼어, 중온에 면 보자기를 깔고 겹치지 않게 둔다. 모양이 잡히면 뒤집는다.
	3	수분이 어느 정도 빠지면 온도를 조금씩 높이며 덖어 고온에서 마무리한다.
	4	수분 점검 뒤 1시간 안팎으로 향매김을 한다.

하나 더 바로 덖어도 되지만, 열에 건조해서 덖으면 찻물 빛이 더 곱다.

효능 면역력을 강화하고, 식욕을 돋우며, 지혈 작용을 한다. 시력 저하, 탈모, 빈혈, 변비, 부인병, 피부 질환, 우울증 등에 좋다.

으름덩굴

꽃차(4월 중순~5월 초) | 꽃음료(4월 중순~5월 초)

줄기가 다른 나무를 타고 올라간다. 줄기를 약으로 쓴다. 가을에 바나나 닮은
열매, 으름이 익으면 쩍 벌어진다. 열매가 특이하고, 꽃 색이 짙고, 꽃이 피면
단내가 난다. 암꽃과 수꽃이 한 그루에 핀다. 열매가 달리는 암꽃은 크고, 수꽃
은 작다. 꽃음료를 만들면 빛깔도 맛도 좋다. 잎과 어린순도 차로 만든다.

<table>
<tbody>
<tr><td>만드는 법</td><td>1 부푼 봉오리나 갓 핀 꽃을 준비한다.</td></tr>
</tbody>
</table>

만드는 법

1 부푼 봉오리나 갓 핀 꽃을 준비한다.
2 저온에 면 보자기를 깔고 겹치지 않게 놓는다. 모양이 잡히면 뒤집는다.
3 수분이 어느 정도 빠지면 중온에서 조금씩 온도를 높이며 덖어 고온에서
  마무리한다(수분이 90% 정도 빠진 꽃을 소금물에 10~15초 찌고 식히기를
  5번 되풀이해도 된다).
4 덖을 때 진득거릴 수 있으니 주의한다.
5 수분 점검 뒤 2시간 안팎으로 향매김을 한다.

하나 더

꽃음료를 만들기 좋다. 줄기는 얇게 썰어 중온에서 덖는다(꽃음료 243쪽 참고).

효능

혈액순환에 도움이 되고, 줄기가 이뇨 작용을 한다. 타박상, 방광염, 각종 통증에 좋다.

은행나무

잎차(5~6월) │ 열매차(1~12월)

씨가 살구씨를 닮고 은빛이라서 은행이다. 은행은 약으로 쓴다. 예전에 은행잎
이 인삼보다 수출액이 많은 때도 있었다. 우리 은행잎에 약 성분이 많아서다.
사계절이 있고, 습하고, 병충해가 많고, 춥고, 건조하고… 식물이 환경에 견디
며 만들어내는 2차 대사산물이 약이 된다. 그 잎을 법제해서 차를 만든다. 은행
도 덖어서 차를 만든다.

만드는 법	1	싱싱한 잎을 준비해 잎자루를 자른다.
	2	5% 소금물에 하루 담근다.
	3	찬물에 하루 담근다.
	4	물기를 뺀 뒤 잘라서 30~40초씩 2번 찐다.
	5	고온에서 덖고 비비고 식히기를 되풀이한다. 많이 비벼도 뻣뻣한 편이다.
	6	수분이 어느 정도 빠지면 온도를 낮추며 마무리한다.
	7	수분 점검 뒤 6시간 안팎으로 향매김을 한다.

하나 더 껍질 벗긴 은행은 잘라서 덖어 차나 다식으로 쓴다.

효능 심장과 폐를 튼튼하게 하고, 혈액순환에 도움이 된다. 해수, 천식, 인후통, 치매 등에 좋다.

이팝나무

꽃차(4월 말~5월)

이팝은 이밥이라는 뜻이다. 조선 시대부터 쌀밥을 이밥이라고 했다. 벼슬아치는 이씨 임금이 내린 녹봉으로 곡식, 명주, 돈 등을 받았다. 이씨 임금이 내린 밥이라고 쌀밥을 이밥이라 했다. 이팝나무 꽃이 피면 쌀밥을 고봉으로 담은 듯해서 이팝나무가 되었다. 백성은 이밥이 얼마나 먹고 싶었을까? 이팝나무 꽃이 피면 그 시절 사람들이 보인다.

만드는 법 1 갓 핀 꽃을 준비한다.
2 저온에 면 보자기를 깔고 꽃 모양을 잡는다.
3 중온부터 조금씩 높이며 덖어 고온에서 마무리한다.
4 수분 점검 뒤 1시간 안팎으로 향매김을 한다.

하나 더 온도가 높으면 꽃이 오므라들거나 색이 변한다.

효능 강장 효과가 있고, 위를 튼튼하게 하며, 항산화 작용을 한다. 중풍, 치매, 수족 마비,
가래 등에 좋다.

인동덩굴

꽃차(6~7월)

인동은 '겨울을 참고 견디다'라는 뜻이다. 가는 줄기가 겨울에도 죽지 않고 살아서 인동덩굴이다. 흰 꽃이 피었다가 노랗게 바뀌어 금은화라고도 한다. 꽃을 따서 꽁무니를 당기면 이슬방울처럼 꿀이 나온다. 병에 든 꿀보다 맑고 달다. 줄기 전체를 약으로 쓰기도 한다. 꽃과 줄기를 설탕에 재어 차로 마시거나 술을 담그기도 한다.

만드는 법	1	갓 핀 꽃을 준비한다.
	2	저온에 면 보자기를 깔고 꽃을 놓는다.
	3	수분이 어느 정도 빠지고 모양이 잡히면, 온도를 조금씩 높이며 덖어 고온에서 마무리한다.
	4	수분 점검 뒤 2시간 안팎으로 향매김을 한다.

하나 더 봉오리는 수분이 잘 빠지지 않는다.

효능 청열 · 소염 · 해독 작용을 한다. 열병, 귀밑샘염, 대장염, 방광염, 결막염, 피부 질환 등에 좋다.

잇꽃

꽃차(6월) | 잎차(6월)

꽃이 붉어서 홍화라고도 한다. 주황색으로 피었다가 붉어진다. 잇꽃은 붉은 물을 들이기도 한다. 씨는 볶아서 끓여 마시고, 약으로도 쓴다. 잇꽃 차를 만드는 시간은 황홀하다. 다듬고 찌고 덖고… 시간과 정성이 엄청 들지만 예쁜 걸 어쩌랴. 할 일이 많은데 자꾸 꽃 앞에 선다. 통째로 꽃차를 덖으면 시간이 걸려도 복주머니 차를 마실 수 있다.

만드는 법 _ 꽃차	1	꽃받침을 하나씩 뗀다. 가시를 조심한다.
	2	꽃 통에 바늘이나 이쑤시개 등으로 구멍을 내 수분이 잘 빠지게 한다.
	3	김이 나고 30초 정도 찌고 식히기를 3~5번 되풀이한다. 찐 다음 빨리 식히고 찜기에 묻은 물을 닦는다.
	4	수분이 어느 정도 빠지면 면 보자기에 올리고, 중온부터 고온까지 조금씩 높이며 덖는다(찜기에서 저온으로 천천히 건조해도 된다).
	5	수분 점검 뒤 2시간 안팎으로 향매김을 한다.

만드는 법 _ 잎차	1	잎은 꽃받침과 같이 고온에서 숨을 죽인 뒤, 덖고 비비고 식히기를 되풀이한다. 뜨겁고 수분이 있을 때 여러 번 비벼야 좋은 차가 된다.
	2	습기가 어느 정도 빠지면 온도를 조금씩 낮추며 덖는다.
	3	수분 점검 뒤 6시간 안팎으로 향매김을 한다.

하나 더	잎에 가시가 있으니 장갑을 두껍게 끼고 덖는다.

효능	혈액순환에 도움이 되고, 생혈ㆍ진통 작용을 한다. 어혈, 무월경, 월경불순, 타박상, 피부 질환 등에 좋다.

자귀나무

꽃차(6월 말~7월 중순)

밤이 되면 작은 이파리가 둘씩 오므라든다. 잎의 수면운동이다. 그래서 합환수, 합혼수, 야합수라는 별명이 있다. 소가 잘 먹어 소쌀나무, 소쌀밥나무라고도 한다. 중국에 두양이라는 선비의 부인이 꽃을 말려 베개 속에 넣었다가 남편 기분이 언짢으면 술에 띄워 권했다고 한다. 자귀나무가 부부의 사랑을 두텁게 하는 나무라고 전해진 까닭이다.

만드는 법	1 꽃잎이 마르지 않고 색이 선명한 꽃을 준비한다.
	2 저온에 면 보자기를 깔고 수분을 뺀 뒤, 온도를 조금씩 높이며 덖는다.
	3 온도가 높아질수록 꽃잎이 말릴 수 있으니 주의하며 고온에서 마무리한다.
	4 수분 점검 뒤 1시간 안팎으로 향매김을 한다.

하나 더 술을 담그기도 한다.

효능 혈액순환에 도움이 되고, 마음을 안정시킨다. 우울증, 불면증, 어혈, 타박상,
피부 질환 등에 좋다.

작두콩

열매차(8월~9월 초)

꼬투리 열매가 작두 같다. 꽃도 입을 쩍 벌린 작두 같다. 작두콩은 몸에 좋다고
알려졌는데, 콩만 먹는 게 아니라 덜 익은 열매는 껍질째 반찬이 되고 차가 된
다. 익어서 열매가 딱딱해지기 전에 차를 덖는다. 껍질을 잘라 덖고, 콩은 따로
덖어서 같이 우리면 좋다. 작두콩에 든 사포닌이 핏속에 있는 나쁜 콜레스테롤
과 중성지방 수치를 낮춘다고 한다.

만드는 법	1	씻어서 물기를 뺀 뒤 양쪽 끝을 잘라낸다.
	2	꼬투리를 벌려 속을 파내고 자른다.
	3	콩은 골라서 찐 뒤 덖는다.
	4	자른 껍질은 고온이나 조금 낮은 온도에서 덖고 식히기를 되풀이한다.
	5	수분 점검 뒤 6시간 안팎으로 향매김을 한다.

하나 더   콩은 쪄서 덖으면 비린내가 나지 않는다.

효능   혈액순환에 도움이 되고, 몸을 따뜻하게 한다. 소화불량, 수족 냉증, 비염, 축농증
등에 좋다.

작약

꽃차(5월 중순~6월 초)

작약은 깊은 산에 살고, 심어 가꾸기도 한다. 뿌리는 쌍화탕 같은 약의 재료로
쓴다. 활짝 핀 꽃이 예뻐서 함박꽃이라고도 하는데, 향은 약하다. 작약 꽃차는
맛과 향이 별로 없지만, 꽃가루가 탐스러워 물을 부으면 노란 가루를 푼 듯 퍼
진다. 한 잔 마시면 꽃가루의 양분이 몸에 그대로 들어온다. 보약 먹는 기분이
든다.

만드는 법	1 봉오리나 갓 핀 꽃을 준비한다.
	2 봉오리는 시들게 해서 펴고, 핀 꽃은 찜기에 꽂거나 엎어서 저온에 둔다.
	면 보자기를 깔고 올려도 된다.
	3 꽃 모양이 잡히면 뒤집어 수분을 고루 뺀다. 이때 꽃가루가 떨어지지 않게
	주의한다.
	4 수분이 어느 정도 빠지면 온도를 조금씩 높이고, 면 보자기를 들썩이며 덮어
	고온에서 마무리한다.
	5 수분 점검 뒤 2시간 안팎으로 향매김을 한다.

하나 더　　덮을 때 꽃잎에 떨어진 꽃가루는 붓으로 턴다.

효능　　　뿌리가 진통 · 이뇨 · 조혈 · 해열 작용을 한다. 어지럼증, 이명, 월경불순, 복통, 위통,
두통 등에 좋다.

장미

꽃차(5월) | 꽃음료(5월)

5월은 울타리도, 담장도 장미 넝쿨이다. 꽃도 좋고 울타리 역할도 하는 장미는 품종이 많다. 장미만 심어서 장미 공원을 만들고 축제도 한다. 꽃다발에 빠지지 않고, 향수도 만든다. 장미 꽃차를 만드는 시간은 첫 꽃다발을 받은 때처럼 설레었다. 지금은 장미 꽃다발보다 장미 꽃차를 받으면 더 좋을 것 같다.

만드는 법	1 봉오리나 갓 핀 꽃을 준비한다.
	2 봉오리는 시들게 해서 펴고, 핀 꽃은 찜기에 꽂거나 엎어서 저온에 둔다.
	면 보자기를 깔고 올려도 된다(꽃잎을 따서 만들어도 된다).
	3 꽃 모양이 잡히면 뒤집는다.
	4 수분이 어느 정도 빠지면 온도를 조금씩 높이고, 면 보자기를 들썩이며 덮어
	고온에서 마무리한다.
	5 수분 점검 뒤 2시간 안팎으로 향매김을 한다.

하나 더 꽃음료를 만들어도 된다. 작은 꽃송이가 차를 만들기 좋다(꽃음료 243쪽 참고).

효능 혈액순환에 도움이 되고, 이뇨·해독 작용을 한다. 우울증, 월경불순, 변비, 위장염
등에 좋다.

접시꽃

꽃차(6월)

'접시꽃 당신'이란 시로 더 알려진 꽃, 접시를 닮아 접시꽃이다. 접시꽃이 피면 맛난 음식을 접시 가득 차려서 좋은 사람들과 나누고 싶다. 하지만 여름 손님 은 호랑이보다 무섭다지. 여름엔 초대받아 손님으로 가도 만만찮다. 꽃차 대접 정도라면 가볍게 할 수 있다. 접시꽃 차는 맛과 향이 별로 없는 편이다. 맛이 있는 차에 띄워도 된다.

만드는 법	1 활짝 핀 꽃과 부푼 봉오리를 준비한다.
	2 저온에서 찜기 구멍에 꽂아 모양을 잡는다.
	3 수분이 빠지고 모양이 잡히면 꽃술과 꽃받침을 살라낸다.
	4 온도를 조금씩 높이고 면 보자기를 들썩이며 덮어 고온에서 마무리한다.
	5 수분 점검 뒤 1시간 안팎으로 향매김을 한다.

하나 더 꽃술과 꽃받침을 먼저 잘라도 된다. 꽃받침과 꽃잎 사이에 끈적거리는 액체가 있어 수분이 잘 빠지지 않는다.

효능 신경을 안정시키고, 소염·이뇨·해독 작용을 한다. 어혈, 대하증, 질염, 변비 등에 효과가 있다. 임산부는 삼가는 게 좋다.

제비꽃

꽃차(4월)

제비꽃이 피었다는 연락을 받았다. 친구네 밭이다. 모다기모다기 피었다. 잠깐
망설였다. "이 작고 예쁜 꽃을 따야 하나? 꽃차가 뭐라고! 뭣이 중헌디…." 친
구가 참취 밭에 난 제비꽃은 잡초일 뿐이란다. 갈등을 접고 솎으며 꽃을 모셨
다. 며칠 뒤 꽃이 물을 먹고 마법을 부린다. 몇 번 우리니 청순하다 못해 다른
꽃으로 핀다. 그 감동이라니!

만드는 법	1	갓 핀 꽃과 부푼 봉오리를 준비한다. 꽃자루는 그냥 둬도 된다.
	2	중온보다 조금 낮은 온도에서 덖는다.
	3	수분이 어느 정도 빠지면 온도를 조금씩 높이며 덖어 고온에서 마무리한다.
	4	수분 점검 뒤 1시간 안팎으로 향매김을 한다.

하나 더　　키 작은 꽃이니 흙과 이물질을 씻는다.

효능　　청열 · 해독 · 소염 · 이뇨 작용을 한다. 기침, 감기, 눈 충혈, 변비, 불면증 등에 좋다.

조릿대

잎차(1~2월)

조리를 만든 대라고 조릿대다. 산길 옆에서 푸른 잎으로 추위를 이겨낸다. 댓잎은 눈 내리는 겨울에 모시면 좋다. 새순이나 어린잎으로 덖어도 되지만, 겨울을 견디느라 만들어내는 물질이 더 좋은 약이 된다. 조릿대는 긴긴 겨울 숲에서 먹이를 찾는 고라니와 노루 같은 친구들의 먹이다. 산의 주인한테 예를 지키며 모셨다.

만드는 법	1	색이 선명하고 두꺼운 잎을 준비한다.
	2	앞뒤로 닦아서 1cm 크기로 자른 뒤 찌고 식히기를 3번 되풀이한다.
	3	고온에서 넣고 비비고 식히기를 3~5번 한다. 온도가 높으면 처음부터 잎이 밀리니 주의한다.
	4	수분이 어느 정도 빠지면 온도를 조금씩 낮추며 덖어 마무리한다.
	5	수분 점검 뒤 6시간 안팎으로 향매김을 한다.

하나 더   잎을 잘라 냉장고에서 며칠 숙성시킨 뒤 덖으면 더 맛있다. 어린잎도 가능하다.

효능   신경을 안정시키고, 해열 · 이뇨 · 항산화 작용을 한다. 당뇨, 비만, 고혈압, 동맥경화 등에 좋다.

조팝나무

꽃차(4월 중순~5월 초)

꽃이 조를 튀겨놓은 것 같아서 조팝나무다. 산기슭에서 흔히 자란다. 꽃이 피면 둘레가 환하다. 초등학생 때 조팝나무 꽃이 피면 음료수 병에 꽂아 선생님 책상에 놓아드렸다. 그리고 사흘쯤 지나면 싸락눈이 내리듯 병 둘레가 하얘졌다. 고 자잘한 꽃잎이 떨어진 거다. 봉오리나 갓 핀 꽃으로 차를 만들어야 꽃잎이 떨어지지 않는다.

만드는 법	1	갓 핀 꽃과 부푼 봉오리를 송이째 준비한다.
	2	저온에 면 보자기를 깔고 놓는다.
	3	수분이 이느 정도 빠지고 모양이 집히면 온도를 조금씩 높이고, 면 보사기를 들썩이며 덮어 고온에서 마무리한다.
	4	수분 점검 뒤 1시간 안팎으로 향매김을 한다.

하나 더 꽃을 넣은 얼음을 꽃음료에 띄워 마시면 좋다.

효능 해열 · 진통 작용을 한다. 인후통, 설사, 신경통, 대하증 등에 좋다.

진달래

꽃차(4월)

소월의 시가 생각나는 꽃, 산자락을 물들이는 꽃, 따서 먹는 꽃, 선생님 책상에 꽂아드린 꽃, 꽃전을 부쳐 먹는 꽃, 마당 있는 집에 살면 심고 싶은 꽃… 진달래다. 먹을 수 있어서 참꽃, 두견새가 울어 피운 꽃이라고 두견화라고도 한다. 진달래는 생으로 먹고, 술도 담근다. 꽃차를 마시는데 목젖부터 꽃이 핀다. 봄이 핀다.

만드는 법	1 갓 핀 꽃과 부푼 봉오리를 준비한다.
	2 꽃술을 떼고 저온에 면 보자기를 깔고 펼쳐놓는다(봉오리는 팬에서 바로
	덖어도 된다).
	3 수분이 빠지고 모양이 잡히면, 온도를 조금씩 높이며 덖어 고온에서 마무리한다.
	갑자기 온도를 높이면 꽃잎이 희끗해진다.
	4 수분 점검 뒤 1시간 안팎으로 향매김을 한다.

하나 더   화채나 꽃음료에 띄워 먹어도 된다.

효능   혈액순환에 도움이 되고, 거담·진통 작용을 한다. 기침, 월경불순, 어혈, 고혈압
등에 좋다.

질경이

잎차(4~5월) | 열매차(9~10월)

질기게 산다고 질경이다. 잎에 든 심이 질겨서 밟혀 상처가 나도 살 수 있다. 떨어진 씨는 비가 오면 끈적끈적해져서 바퀴나 신발에 묻어 퍼진다. 길가에 사는 질경이가 자손을 퍼뜨리는 지혜다. 열매는 '차전자'라 하고, 차로 만들면 좋다. 질경이 씨로 만든 차는 물에서 점성이 생겨 우뭇가사리처럼 물컹물컹해진다.

만드는 법	1	어린잎을 준비한다. 큰 잎은 자른다.
_ 잎차	2	씻어서 물기를 빼고, 고온에서 덖고 비비기를 3~5번 되풀이한다.
	3	수분이 어느 정도 빠지면 온도를 조금씩 낮추며 넊는다.
	4	수분 점검 뒤 6시간 안팎으로 향매김을 한다.

만드는 법	1	열매는 줄기째 준비한다.
_ 열매차	2	2cm 길이로 잘라서 덖거나, 줄기째 말려서 씨를 턴다.
	3	수분 점검 뒤 1시간 안팎으로 향매김을 한다(말려서 써도 된다).

하나 더 열매차를 오래 우리면 물컹물컹 점성이 생긴다.

효능 간을 튼튼하게 하고, 이뇨·해열·거담 작용을 한다. 기침, 감기, 변비, 비만 등에 좋다.

찔레꽃

꽃차(5월) | 잎차(3월 말~4월) | 열매차(10~11월)

찔레꽃이 등록된 이름이다. 찔레, 찔레덩굴, 찔레나무라고도 한다. 새순은 찔레라 하고 꺾어 먹는다. 찔레꽃이 피면 마을마다, 골짜기마다 달콤하고 은은한 향이 풍긴다. 꽃잎은 따 먹어도 된다. 찔레꽃 차는 향을 마시는 차다. 맛과 색이 은은한 꽃차에 잎차와 열매인 영실로 만든 차를 곁들이면 금상첨화다. 생꽃을 우려도 좋다.

만드는 법 _ 꽃차	1	봉오리와 갓 핀 꽃을 준비한다.
	2	저온에 면 보자기를 깔고 겹치지 않게 놓는다(핀 꽃은 김이 나고 10~15초 찌는 과정을 3빈 징도 되풀이해도 된다).
	3	수분이 어느 정도 빠지면, 중온에 면 보자기에 올려 온도를 조금씩 높이며 덖어 고온에서 마무리한다(수분이 90% 정도 빠진 뒤 쩌도 향이 짙다).
	4	수분 점검 뒤 2시간 안팎으로 향매김을 한다.

만드는 법 _ 잎차	1	어린잎을 준비한다.
	2	고온에서 숨을 죽인 뒤, 덖고 비비고 식히기를 3~5번 되풀이한다.
	3	수분이 어느 정도 빠지면 온도를 조금씩 낮추며 여러 번 덖는다.
	4	수분 점검 뒤 6시간 안팎으로 향매김을 한다.

만드는 법	1	열매를 하루 동안 막걸리에 담가놓는다.
_ 열매차	2	찌고 식히는 과정을 하루 안팎으로 여유를 두고 9번 정도 되풀이한다.
	3	찔수록 거뭇해지는데, 고온에서 덖어 마무리한다.
	4	수분 점검 뒤 6시간 안팎으로 향매김을 한다.

하나 더	진딧물이 없는 꽃을 모신다.

효능	혈액순환에 도움이 되고, 이뇨 · 해독 작용을 한다. 월경통, 신장염, 방광염 등에 좋다.

차나무

꽃차(10월) | 잎차(4월 중순)

차를 만드는 나무라서 차나무다. 꽃이 피면 나무 아래 야문 씨가 떨어진다. 지
난해 맺은 씨다. 열매와 꽃이 만나서 차나무 별명이 실화상봉수다. 추석이나
설날에는 차례를 지낸다. 차를 올리며 예를 갖춘다는 뜻이다. 며느리인 나는
차례 지낼 때 그 많은 음식 대신 차를 올리면 좋겠다.

만드는 법	1	갓 핀 꽃과 부푼 봉오리를 준비한다.
_ 꽃차	2	저온에 면 보자기를 깔고 펼쳐놓는다.
	3	수분이 어느 정도 빠지고 모양이 잡히면, 온도를 조금씩 높이며 덖이 고온에서 마무리한다.
	4	수분 점검 뒤 2시간 안팎으로 향매김을 한다.

만드는 법	1	어린잎을 준비한다.
_ 잎차	2	고온에서 숨을 죽인 뒤, 덖고 비비고 식히기를 되풀이한다. 뜨겁고 수분이 있을 때 여러 번 비벼야 좋은 차가 된다.
	3	수분이 어느 정도 빠지면, 비비지 않고 온도를 조금씩 낮추며 거듭 덖는다.
	4	수분 점검 뒤 6시간 안팎으로 향매김을 한다.

| 하나 더 | 잎으로 녹차, 홍차 등을 만든다. 잎을 따는 때에 따라 우전, 세작, 중작, 대작, 말작으로 나눈다. |

| 효능 | 머리와 눈을 맑게 하고, 이뇨 · 해독 · 강심 작용을 한다. 두통, 비만 등에 좋다. |

차풀

잎차(8월) | 열매차(10월)

차를 만드는 풀이라고 차풀이다. 산편두라고도 한다. 몇 포기 모셔 와 차를 덖었다. 잎과 꼬투리를 따로 덖었다. 잎은 덖을수록 색이 짙어지고, 꼬부랑꼬부랑 해초 같다. 차풀을 우리니 색이 곱고, 맛도 구수하다. 나는 녹차보다 차풀차가 좋다. 맛본 사람들이 무슨 차가 이리 좋으냐고 묻는다. 차풀, 이름값 톡톡히 한다. 씨는 볶아서 결명자처럼 우려 마신다.

만드는 법	1	씻어서 물기를 빼고 잎을 뗀다. 줄기는 1.5cm 길이로 자르고, 열매는 꼬투리를 딴다.
	2	고온에서 덖고 비비기를 3~5번 되풀이하고 부스러기는 턴다. 세게 비비면 잎이 많이 떨어지니 주의한다(줄기와 열매는 따로 덖어도 된다).
	3	수분이 어느 정도 빠지면 온도를 조금씩 낮추며 덖는다.
	4	수분 점검 뒤 6시간 안팎으로 향매김을 한다.

하나 더 꽃이 피었을 때 잎차를 만들면 좋다.

효능 간과 비장을 튼튼하게 하고, 항염·이뇨 작용을 한다. 소화불량, 황달, 변비, 부종 등에 좋다.

천일홍

꽃차(8월)

1000일 동안 붉다고 천일홍이다. 꽃말이 '변치 않는 사랑'이다. 마른 꽃도 색이
잘 변하지 않아 조화 같다. 천일홍은 열대지방이 고향이다. 보라, 분홍, 흰색
꽃 등이 있는데, 색이 진한 꽃일수록 찻물이 짙다. 천일홍 차는 맛과 향이 별로
없다. 동글동글 귀여운 꽃에서 찻물이 우러나는 걸 즐긴다. 핀 꽃보다 찻잔 속
에 있을 때 예뻐 보인다.

만드는 법	1 꽃을 송이째 준비한다(낱 꽃을 따서 만들어도 된다).
	2 저온에 면 보자기를 깔고 펼쳐놓는다.
	3 수분이 이느 정도 삐지면 중온부디 고온끼지 조금씩 높이며 덖는다.
	4 수분 점검 뒤 1시간 안팎으로 향매김을 한다.

하나 더   팬에서 바로 덖으면 꽃이 덜 예쁘다. 낱 꽃을 따서 덖을 때는 부서지지 않게
주의한다.

효능   혈액순환에 도움이 되고, 신경을 안정시킨다. 기침, 천식, 두통, 불면증,
피부 질환 등에 좋다.

치자나무

꽃차(6월 중순~7월 초) | 열매차(11~12월)

치자라고도 한다. 조선 시대 문신 강희안은《양화소록》에 치자는 네 가지 좋은 점이 있다고 했다. 첫째, 꽃이 희고 기름지다. 둘째, 꽃향기가 맑고 풍부하다, 셋째, 겨울에도 잎이 변하지 않는다. 넷째, 열매로 노란 물을 들인다. 꽃이 희고 향기로우며, 열매인 치자는 약으로 쓴다. 전에 색을 입히고, 천에 물들이기도 한다. 치자는 말려서 쓴다.

만드는 법	1	갓 핀 꽃과 부푼 봉오리를 준비한다.
	2	핀 꽃은 저온에 면 보자기를 깔고 펼쳐놓거나 찜기에 꽂아도 된다.
		봉오리는 시들게 해서 펼쳐놓는다.
	3	수분이 어느 정도 빠지고 모양이 잡히면 온도를 조금씩 높이고, 면 보자기를
		들썩이며 덖어 고온에서 마무리한다. 가끔 뒤집는다.
	4	수분 점검 뒤 1시간 안팎으로 향매김을 한다.

하나 더   열매는 말려서 차로 우린다. 양파 껍질차와 함께 우려도 된다.

효능   심신을 안정시키고, 청열 · 해독 · 소염 작용을 한다. 소화불량, 불면증, 고혈압
등에 좋다.

칡

꽃차(7월 말~8월) | 순차(5~6월) | 꽃음료(7월 말~8월)

칡덩굴이라고도 한다. 뿌리는 '갈근'이라 해서 즙을 짜고, 녹말을 만든다. 줄기
는 새끼 대신 쓰고, 껍질은 갈포를 만든다. 잎은 소나 토끼가 먹는다. 꽃은 '갈
화'라 하고, 술독을 풀어준다. 칡 순은 '갈용', 순으로 만든 차를 갈용차라 한
다. 말려서 끓여 먹거나, 덖어서 우려 마신다.

만드는 법	1	꽃차례에서 갓 핀 꽃과 부푼 봉오리를 딴다.
_ 꽃차	2	저온에 면 보자기를 깔고 꽃 모양을 잡는다. 가끔 뒤적인다.
	3	습기가 어느 정도 빠지면 온도를 조금씩 높이며 덖어 고온에서 마무리한나.
	4	수분 점검 뒤 2시간 안팎으로 향매김을 한다.

만드는 법	1	통통하고 부드러운 순을 준비한다.
_ 순차	2	2cm 길이로 잘라, 고온에서 덖고 비비고 식히기를 되풀이한다.
	3	덖으면서 부스러기는 자주 털어낸다.
	4	수분 점검 뒤 6시간 안팎으로 향매김을 한다.

하나 더   칡 순을 딸 때 나오는 즙이 옷에 묻으면 잘 빠지지 않는다(꽃음료 243쪽 참고).

효능   간과 장을 튼튼하게 하고, 해열·해독 작용을 한다. 숙취, 식욕부진 등에 좋다.

코스모스

꽃차(9~10월) | 꽃음료(9~10월)

코스모스 핀 길이 좋다. 길가에 피어도, 공원에 피어도, 강둑에 피어도 그림이다. 코스모스 꽃은 '추영'이라 해서 약으로 쓴다. 차를 만들 때는 가운데 꽃가루가 터지지 않은 꽃을 모신다. 코스모스 꽃은 흰색, 분홍색, 자주색 등이 있다. 주황빛 꽃이 피는 노랑코스모스도 차를 만든다. 꽃 따라 찻물 색이 달라서 보는 재미가 있다.

만드는 법	1 갓 핀 꽃을 꽃자루가 1cm 되게 준비한다.
	2 저온에 면 보자기를 깔고 엎어둔다.
	3 꽃 모양이 잡히면 꽃자루를 자르고 뒤집는다.
	4 수분이 어느 정도 빠지면, 면 보자기 위에서 온도를 조금씩 높이며 덮어
	고온에서 마무리한다.
	5 수분 점검 뒤 1시간 안팎으로 향매김을 한다.

하나 더   노랑코스모스도 같은 방법으로 만든다(꽃음료 243쪽 참고).

효능   눈을 밝게 하고, 청열 · 해독 · 소염 작용을 한다. 만성피로, 피부 질환 등에 좋다.

큰금계국

꽃차(6월) | 꽃음료(6월)

꽃을 보기 위해 심어 가꾼다. 여러해살이풀이라 한 번 심으면 퍼져서 자란다. 1990년대에 우리나라에 들여온 원예식물이다. 강가에 깔려 자라는 꽃이 낯설었는데, 해가 갈수록 가까워진 친구처럼 정답고 예쁘다. 꽃차도 되고, 꽃음료도 되고, 약효도 좋다니 여러모로 야무진 친구다. 이제 이방인이 아니라 이 땅의 꽃이다.

만드는 법	1 갓 핀 꽃을 꽃자루가 1cm 되게 준비한다.
	2 저온에 면 보자기를 깔고 엎어둔다.
	3 꽃 모양이 잡히면 꽃자루를 자르고 뒤집는다.
	4 수분이 어느 정도 빠지면, 면 보자기 위에서 온도를 조금씩 높이며 덮어 고온에서 마무리한다.
	5 수분 점검 뒤 2시간 안팎으로 향매김을 한다.

하나 더   꽃음료 만들기 좋은 꽃이다(꽃음료 243쪽 참고).

효능   청열·해독 작용을 한다. 어혈, 피부 질환 등에 좋다.

큰뱀무

꽃차(6월 중순~7월 초)

뿌리잎이 무 잎을 닮았는데 무가 아니라서 뱀무다. 큰뱀무는 전체가 크고 거친 털이 빽빽하다. 꽃도 마땅히 크다. 큰뱀무와 뱀무 모두 어린잎은 나물해 먹고, 전체를 약으로 쓴다. 약은 말려서 쓰거나, 생즙을 내어 마시기도 한다. 큰뱀무가 무리 지어 피면 노란 단추를 멋스럽게 달아놓은 것 같다.

만드는 법   1 갓 핀 꽃을 꽃자루가 1cm 되게 준비한다.

                   2 저온에 면 보자기를 깔고 엎어둔다.

                   3 꽃 모양이 잡히면 꽃자루를 자르고 뒤집는다.

                   4 수분이 어느 정도 빠지면, 면 보자기 위에서 온도를 조금씩 높이며 덖어
                      고온에서 마무리한다.

                   5 수분 점검 뒤 1시간 안팎으로 향매김을 한다.

하나 더   어린잎도 차를 만든다.

효능   혈액순환에 도움이 되고, 소염·이뇨 작용을 한다. 원기 부족, 비만, 허리와 다리 통증,
             피부 질환 등에 좋다.

한련초

잎차(8~9월)

논도랑 같은 데서 잘 자란다. 줄기나 잎을 뜯으면 처음에 맑은 물이 나오는데,
시간이 지나면 까매진다. 잎을 비벼 물에 담그면 짙푸른 물이 나오고, 더 지나
면 검푸르죽죽하다. 예전에는 한련초 즙으로 수염이나 머리카락을 물들이는
데 썼다. 즙이 먹처럼 검어져서 묵한련, 묵두초, 묵초, 묵채라고도 한다.

만드는 법

1 줄기째 준비해서 잎은 따고, 줄기는 2cm 길이로 자른다.
2 잎과 줄기는 고온에서 따로 덖고, 비비고 식히기를 3~5번 되풀이한다.
3 비비면 풀물이 나오고 뭉친다. 잘 털어서 덖는다.
4 수분이 어느 정도 빠지면 온도를 조금씩 낮추며 덖어 마무리한다.
5 수분 점검 뒤 2시간 안팎으로 향매김을 한다.

하나 더   비빈 뒤 뭉친 잎은 잘 털어준다.

효능   간과 신장을 보호하고, 항균 · 소염 · 지혈 작용을 한다. 탈모, 월경불순 등에 좋다.

해국

꽃차(10월)

갯마을에 사는 동무가 전화를 했다. 해국이 피었으니 꽃차를 만들자고 한다.
집에 들어서니 해국, 개쑥부쟁이, 국화… 온 데가 꽃밭이다. 강아지는 졸졸 따
라다니며 꽃을 왜 따는지 묻는다. 해국을 집게로 잡고 끓는 물에 한 송이 한 송
이 데쳤다. 동무가 "꽃차 만드는 거 진짜 정성이네요!" 한다. 맞다, 정성이다.

만드는 법	1	갓 핀 꽃을 꽃자루가 1cm 되게 준비한다.
	2	소금(5%)을 넣고 끓인 물에 꽃을 한 송이씩 데친다. 물이 뜨거워야 하니 불은 켜둔다.
	3	데친 꽃은 빨리 꺼내 물기를 빼야 하얘지지 않는다.
	4	수분이 어느 정도 빠지면, 면 보자기에 올려 저온부터 조금씩 높이며 덖어 고온에서 마무리한다.
	5	수분 점검 뒤 2시간 안팎으로 향매김을 한다.

하나 더 싱싱한 꽃으로 만들어야 색이 곱다.

효능 소염 · 이뇨 · 항균 작용을 한다. 천식, 비만 등에 좋다.

해당화

꽃차(5월)

바닷가 마을에서 잘 자라고, 심어 가꾸기도 한다. 5월에 막 피는 봉오리를 약한 불에 쬐어 빠르게 말린 것을 '매괴화'라 하고, 약으로 쓴다. 어릴 때 해당화 열매가 익으면 속을 파내고 씻어서 먹었다. 해당화가 핀 걸 보며 '섬마을 선생님' 같은 노래가 또 나오고, 빨간 열매를 이 땅의 아이들이 언제나 보고 먹을 수 있으면 좋겠다.

만드는 법	1 부푼 봉오리와 갓 핀 꽃을 준비한다.
	2 저온에서 찜기 구멍에 꽂거나 면 보자기를 깔고 올린다.
	3 꽃잎이 마르고 모양이 잡히면 꽃받침 이레쪽을 지른디.
	4 수분이 어느 정도 빠지면 온도를 조금씩 높이며 덖어 고온에서 마무리한다.
	5 수분 점검 뒤 2시간 안팎으로 향매김을 한다.

하나 더   오래된 꽃은 꽃잎이 떨어져 통째로 덖기 어렵다. 꽃잎을 따서 덖어도 된다.

효능   혈액순환에 도움이 되고, 혈당을 낮춘다. 항염 작용을 하고, 월경불순과 당뇨
등에 좋다.

헛개나무

잎차(5월)

'헛개나무 잎으로 술병을 막지 말라'는 말이 있다. 술 성분이 빠져 술맛이 나지 않는단다. 헛개나무는 술로 상한 간을 이롭게 하는 나무로 알려졌다. '아무 소용없다'는 뜻이 있는 접두사 '헛-'과 '변변치 못하다'는 '개'가 붙었다. 헛개나무 있는 집에서 술을 담그면 술 성분이 사라져 헛일이 된다고 붙은 이름이란다. 잎을 잘 덖으면 단맛과 구수한 맛이 난다.

만드는 법   1 어린잎을 준비한다. 큰 잎은 자른다.

                    2 고온에서 비비고 덖고 식히기를 3~5번 되풀이한다.

                    3 수분이 이느 정도 빠지면 온도를 조금씩 낮추며 여러 번 덖는다.

                    4 수분 점검 뒤 6시간 안팎으로 향매김을 한다.

하나 더   잔가지와 열매(지구자)도 차를 만든다.

효능   간을 튼튼하게 하고, 해독·이뇨 작용을 한다. 숙취, 피로, 황달, 변비 등에 좋다.

화살나무

잎차(4월, 10~11월)

줄기에 코르크질 날개가 달려서 화살을 닮았다고 화살나무다. 코르크질이 붙은 가지를 '귀전우'라 해서 약으로 쓴다. 화살나무는 단풍이 고와 울타리로 심기도 한다. 어린잎은 나물해 먹고, 잎차도 만든다. 단풍 든 잎도 차를 만든다. 얼룩점 생기며 우러나는 화살나무 단풍 차, 사랑스럽다 못해 행복이라는 단어가 떠오른다.

만드는 법	1	부드러운 잎을 준비한다.
_ 1	2	고온에서 숨을 죽인 뒤, 덖고 비비고 식히기를 3~5번 되풀이한다.
	3	수분이 어느 정도 빠지면 온도를 조금씩 낮추며 덖는다.
	4	수분 점검 뒤 6시간 안팎으로 향매김을 한다.

만드는 법	1	단풍 든 잎을 준비한다.
_ 2	2	끓는 물에 데친 뒤 찬물에서 식힌다.
	3	물을 닦고 팬에 올려 저온에서 접은 면 보자기로 누르고 뒤집는다. 온도가 높으면 잎이 말리니 주의한다.
	4	수분이 어느 정도 빠지면 가장자리에 두고, 다른 잎도 ③과 같은 방법으로 한다.
	5	덖을 만큼 되면 면 보자기에 놓고, 저온보다 조금 높은 온도에서 조금씩 높이며 덖는다. 덖을 때마다 식힌다.
	6	수분 점검 뒤 6시간 안팎으로 향매김을 한다.

| 하나 더 | 단풍 든 잎은 데쳐서 덖는다. |

| 효능 | 줄기에 달린 코르크질 날개가 혈액순환에 도움이 되고, 진통·소염 작용을 한다.
당뇨, 고지혈증, 월경불순 등에 좋다. |

약차

꽃음료

꽃이 레몬을 만나 상큼한 꽃음료가 된다. 도라지에 레몬을 넣어 꽃음료를 만드는 시간은 가슴이 뛰었다. 정성껏 만들어 숙성된 꽃음료를 거르는데 그렇게 뿌듯할 수가 없다. 한 모금 마시니 몸이 꽃이 되는 기분이다. 꽃음료는 물을 타서 마셔도 되고, 얼음을 띄우거나 살짝 얼려 슬러시를 만들어도 좋다. 먹을 수 있는 다른 꽃도 같은 방법으로 한다.

재료	생꽃 250g, 레몬 3개, 설탕 250g, 물 2ℓ
만드는 법	1 생꽃을 씻어 물기를 뺀다.
	2 레몬은 소금과 베이킹소다로 씻는다.
	3 레몬 2개를 잘라 분량의 물과 설탕을 넣고 끓인다. 이때 계속 저어야 시럽이 되지 않는다. 끓으면 불을 끈다.
	4 ③에 레몬 1개를 잘라 꽃과 함께 넣고 젓는다.
	5 식으면 통째로 냉장고에 넣고 5일 정도 둔다.
	6 숙성되면 건더기를 걸러서 물이나 얼음을 넣고 마신다.
	7 일주일 안에 마실 것은 냉장 보관, 오래 두고 마실 것은 냉동 보관한다.
하나 더	먹을 수 있는 꽃으로 하고, 입맛에 따라 재료를 더하거나 뺀다.
효능	꽃에 따라 다르다.
꽃음료 만드는 꽃	더덕, 도라지, 동백, 등, 맨드라미, 벚나무, 산벚나무, 아까시나무, 애기동백나무, 으름덩굴, 장미, 칡, 코스모스, 큰금계국….

1	2	3	
4	5	6	10
7	8	9	

1 레몬을 소금으로 문질러 씻는다.

2 레몬을 베이킹소다로 문질러 씻는다.

3 물과 설탕, 레몬을 넣고 저으며 끓인다.

4 씻은 꽃은 물을 뺀다.

5 남는 레몬을 썬다.

6 ③에 ④, ⑤를 넣고 젓는다.

7 냉장고에서 5일 정도 숙성시킨다.

8 건더기를 거른다.

9 꽃음료(도라지)를 병에 담아 보관한다.

10 살짝 얼려서 꽃음료 슬러시를 만들면 좋다.

감미생맥차

감초와 쌀(米)이 들어가고 맥을 살아나게 해준다고 감미생맥차다. 몸에 열이 있는 사람은 인삼 대신 황기를 쓴다. 물에 쌀을 넣고 끓이다가 익어서 떠오르면 건진다. 이 물에 법제한 감초와 맥문동, 오미자, 인삼, 대추 등을 넣고 끓인다.

재료 감초 20g, 맥문동 10g, 오미자 4g, 인삼 4g, 대추 3알, 쌀 2홉(360ml), 물 1～1.5ℓ

만드는 법
1 맥문동은 심을 빼고 잘라서 덖는다.
2 오미자는 말린 걸 쓴다.
3 인삼은 흔히 뇌두로 아는 노두(뿌리에서 싹이 나오는 꼭지 부분)를 자른다.
4 대추는 씨를 뺀다.
5 감초는 노릇하게 볶는다.
6 법제한 ①～⑤를 섞어서 덖는다.
7 분량의 물에 쌀을 넣고 끓여 익으면 쌀을 건진다. 이 물에 ⑥을 넣고 20분 정도 끓여 건더기를 건진다.

하나 더 목이 가렵고 기침이 나오면 현삼, 도라지를 넣어도 된다.

효능 원기 부족, 만성피로, 무기력증 등에 좋다.

1 좋은 재료(감초, 맥문동, 오미자, 인삼, 쌀, 대추, 꿀)를 준비한다.
2 법제한 재료 한눈에 보기.
3 맥문동은 심을 빼고 잘라서 덖는다.
4 말린 오미자를 쓴다. 산에서 절로 익은 게 좋다.
5 인삼은 노두를 제거하고 자른다.
6 대추는 씨를 빼고 자른다.

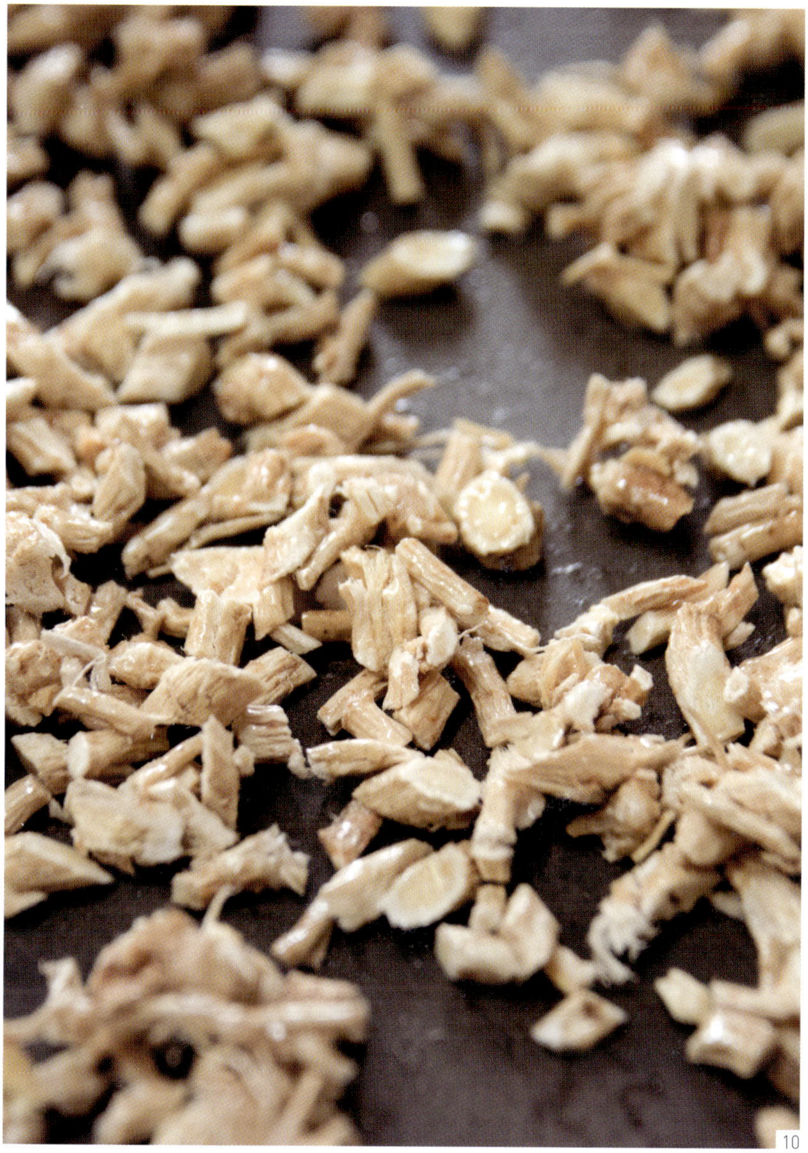
10

11

11
10

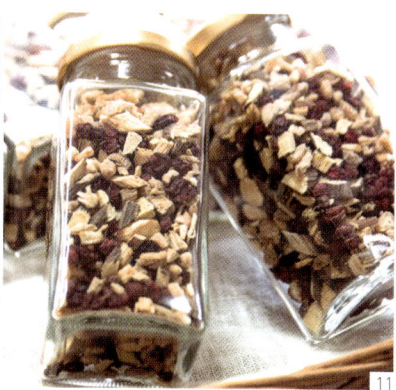

7 감초는 잘게 잘라서 덖는다.
8 황기는 노두를 자른다.
9 ⑧에 꿀을 넣고 버무린다.
10 ⑨를 팬에서 노릇노릇하게 볶는다.
11 감미생맥차. 법제한 재료를 섞어 보관한다.

기용차

남자한테 좋아 남성차라고도 한다. 여자가 먹어도 된다. 산수유와 구기자는 약차 재료로 많이 쓰니 차로 만들어두면 좋다. 오갈피는 오갈피나무 껍질이다. 줄기를 잘라 가운데 노란 목질 부분을 빼고 쓴다. 기용차는 색이 칙칙한 편인데, 차를 우리면 부드럽고 깊은 맛이 난다. 나는 남성차가 입에 더 맞다.

재료	산수유 1, 구기자 1, 숙지황 1, 오갈피 1 비율
만드는 법	1 산수유는 9번 찌고 말리고 덖는다.
	2 구기자는 9번 찌고 말리고 덖는다.
	3 숙지황은 지황을 막걸리에 쪄서 말린 걸 쓴다.
	4 오갈피는 찐 다음 볶는다(그냥 볶아도 된다).
	5 법제한 ①~④를 자르고 섞어서 덖는다.
하나 더	법제한 재료를 따로 보관하다가 섞어서 우려도 된다.
효능	면역력을 강화하고, 간과 신장을 튼튼하게 한다. 각종 성인병에 좋다.

1 좋은 재료(구기자, 산수유, 오갈피, 숙지황)를 준비한다.
2 구기자는 9번 찌고 덖는다(구기자 열매차를 쓰면 된다).
3 숙지황은 잘게 자른다.
4 ②와 ③은 건조한다.
5 산수유는 9번 찌고 덖는다(산수유 열매차를 쓰면 된다).
6 산수유는 찌고 나면 물기를 말린다.

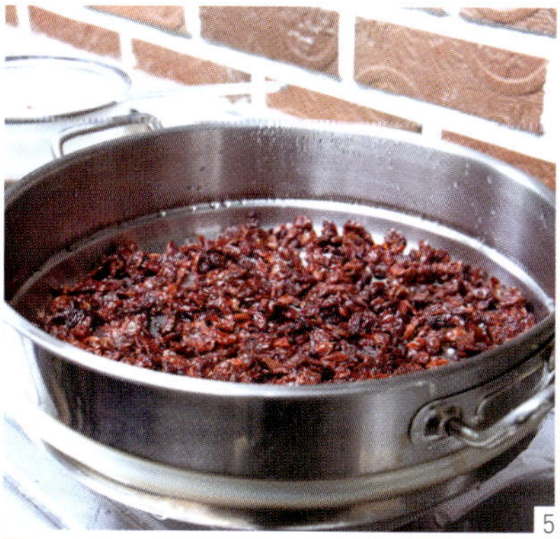
5

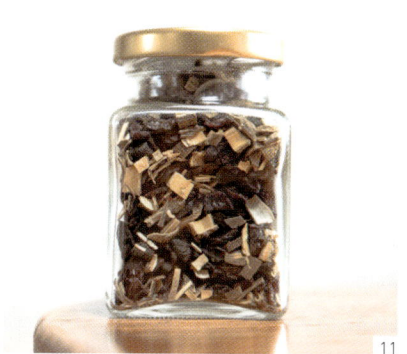

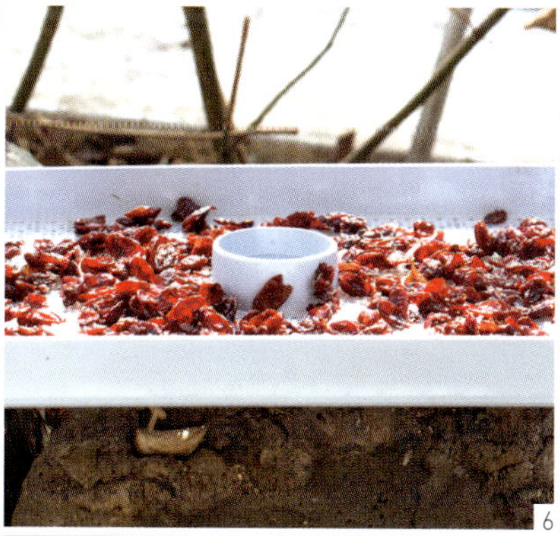
6

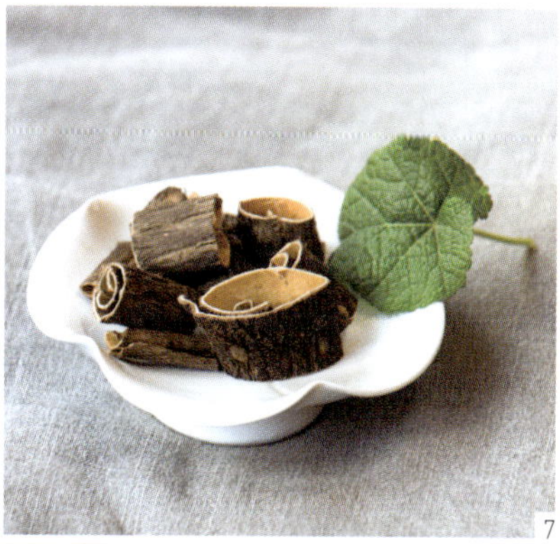
7

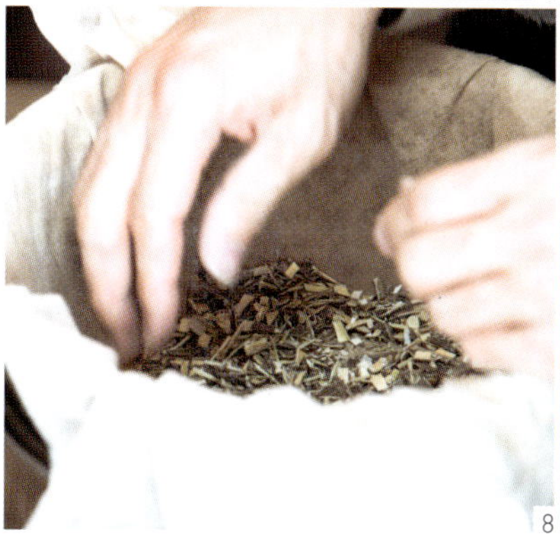
8

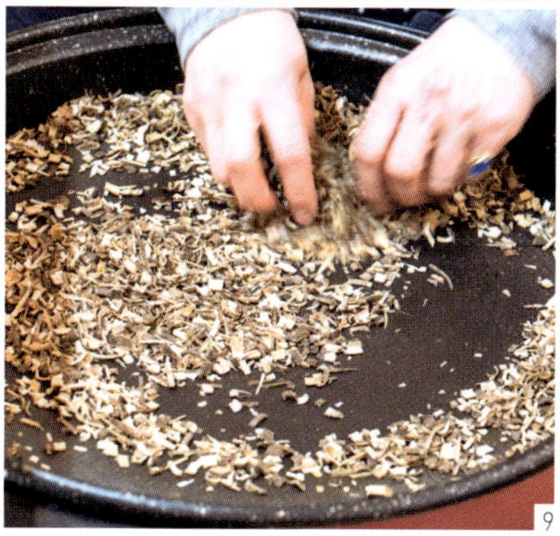
9

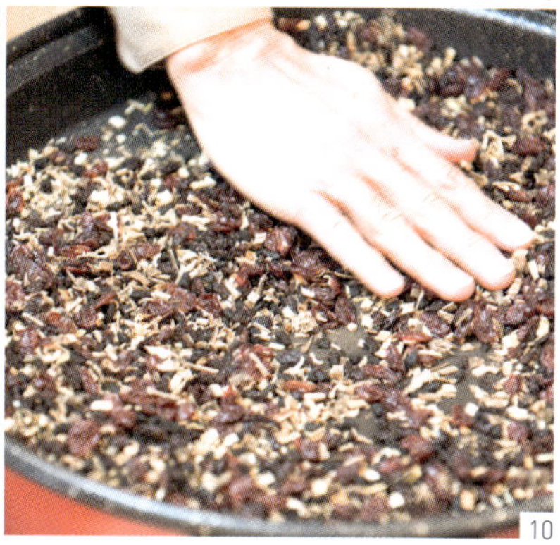
10

11

5	6	7
8	9	10
11		

7 오갈피나무 껍질(오갈피)은 목심을 빼놓은 걸 준비한다.
8 ⑦은 잘라서 찐다.
9 ⑧을 덖는다.
10 ④, ⑥, ⑨를 섞어서 덖는다.
11 기용차. 병에 넣어서 보관한다.

기혈차

기와 혈액순환을 도와 습담을 빼는 데 좋아서 기혈차다. 몸속 노폐물 배출을 원활히 해, 부기가 있을 때나 천식에 쓰기도 한다. 식이 섬유가 많아 위장 활동을 돕고, 변비 예방에도 좋다. 하지만 주재료인 율무는 임산부에게 쓰면 안 되는 약재다. 기혈차를 티백에 넣어 우리니 깔끔하고 깊은 맛이 일품이다.

재료   율무 4, 산사자 1, 연잎 1, 귤껍질 1 비율

만드는 법
1 율무는 노릇하게 볶는다.
2 산사자(산사나무 열매)는 반 갈라서 덖는다.
3 연잎은 차로 덖은 걸 쓴다.
4 귤껍질(진피)은 말리거나 차로 덖은 걸 쓴다.
5 댓잎(조릿대) 덖은 것과 꿀에 볶은 황기를 1:1 비율로 더해도 좋다.
6 재료를 티백에 넣어 우리거나 끓여 마신다.

하나 더   귤껍질은 유기농 귤을 쓴다.

효능   혈액순환에 도움이 되고, 습담을 제거한다. 천식, 변비, 비만, 부종 등에 좋다.

1 재료(율무, 산사자, 연잎, 귤껍질, 댓잎, 황기) 한눈에 보기.

2 율무는 노릇하게 볶는다.

3 산사자는 반으로 갈라서 덖는다.

4 황기는 잘게 자른다.

5 ④는 꿀을 넣고 버무린다.

6 ⑤를 볶는다.

7 노릇하게 볶은 황기.

8 율무 4, 산사자 1, 연잎 1, 귤껍질 1, 댓잎 1, 황기 1 비율로 넣는다.

9 티백에 넣은 기혈차를 병에 담아서 보관한다.

10 기혈차(율무, 산사자, 연잎, 귤껍질) 재료에 댓잎과 황기를 더해도 된다.

다은차

다은차는 여자의 몸을 따뜻하게 해 여성차라고도 한다. 남자가 먹어도 괜찮다. 재료를 손질하는 동안 다은차를 마셔보고 싶다는 생각이 든다. 익모초는 예부터 엄마(여자)한테 유익한 풀이라고 익모초다. 쓴 익모초에 특별한 맛과 향이 나는 회향과 당귀가 들어간다. 잎과 줄기, 열매, 뿌리, 껍질이 다 들어가는 차다.

재료	당귀 4, 귤껍질 4, 익모초 2, 회향 1 비율, 청주 적당량
만드는 법	1 당귀는 몸통만 청주에 담갔다가 자르고 찐다.
	2 귤껍질은 말리거나 차로 덖은 걸 쓴다.
	3 익모초는 자르고 볶아서 쓴다(청주에 담갔다가 볶아도 된다).
	4 회향은 볶아서 쓴다(청주에 담갔다가 볶아도 된다).
	5 법제한 ①~④를 섞어서 덖는다.
하나 더	법제한 재료를 따로 보관하다가 섞어서 우려도 된다.
효능	몸을 따뜻하게 하고, 보혈 작용을 한다. 수족 냉증, 각종 부인병에 좋다.

1 재료(익모초, 당귀, 귤껍질, 회향)를 준비한다.
2 당귀는 청주에 담갔다가 찐다.
3 회향은 청주에 담근다.
4 ③을 말린다.
5 익모초는 줄기와 잎을 자른다.
6 법제한 ②, ④, ⑤와 귤껍질을 섞어서 덖는다.
7 다은차. 병에 넣어 보관한다.

석류미차

석류를 갈라 껍질과 알맹이를 나눈다. 손질하며 석류 알맹이를 먹느라 신이 났다. 껍질은 쪄서 말린 뒤 덖고, 알맹이는 말려서 다른 재료와 마무리로 덖는다. 석류의 맛과 효능에 생강, 계피, 감초, 당귀까지 담을 수 있어 뿌듯하다. 피부 미용, 노화 방지 등에 좋다니 마실 때마다 거울을 볼 것 같다.

재료	석류 10, 생강 2, 계피 1, 감초 1, 당귀 1 비율, 청주 적당량
만드는 법	1 석류는 베이킹소다와 소금으로 씻는다.
	2 석류 껍질은 얇은 막을 없애고 잘게 자른 뒤, 20초 내외로 3번 쪄서 말린다. 알맹이는 따로 말린다(건조기를 써도 된다).
	3 생강은 얇게 썰어 말린 것(건강)을 쓴다.
	4 계피는 코르크층을 벗긴다.
	5 감초는 노릇하게 볶는다.
	6 당귀는 몸통만 청주에 담갔다가 찐다.
	7 법제한 ③∼⑥을 자른다.
	8 ②와 ⑦을 섞어서 덖는다.
하나 더	주재료인 석류에 맞게 다른 재료를 바꿔도 된다.
효능	혈액순환에 도움이 되고, 해독 · 해열 작용을 한다. 노화 방지, 피부 미용, 갱년기 장애에 좋다.

1　2　3
4　5　6
7　8　9

1　잘 익은 석류를 준비한다.

2　석류는 양끝을 자르고, 칼집을 넣어 반으로 가른다.

3　알맹이와 껍질을 분리한다.

4　껍질은 안의 얇은 막을 잘라내고, 자른 뒤 찌고 건조한다.

5　석류 알맹이를 말린다(건조기를 써도 된다).

6　생강은 말려둔 걸 잘라서 쓴다.

7　감초는 잘라서 덖는다.

8　계피는 코르크층을 벗긴다.

9　⑧을 자른다.

10 당귀는 청주에 담갔다가 찐다.
11 손질한 재료 한눈에 보기.
12 ⑪을 섞어서 덖는다.
13 저온에서 뚜껑을 덮고 수분 점검을 한다.
14 석류미차. 병에 넣어 보관한다.

유자단지

유자화채는 조선 시대 궁중 음식이다. 유자에 밤, 대추, 석이, 석류를 넣고 버무리는 유자단지는 유자주머니라고도 한다. 좋은 재료는 보기만 해도 뿌듯하다. 유자 냄새를 맡으니 몸이 따뜻해지고 감기가 달아날 것 같다. 소를 꼭꼭 채워서 실로 묶으니 보물단지가 따로 없다. 숙성시킨 뒤 냉동했다가 따뜻하거나 시원하게 마신다.

재료	유자 1개, 밤 2톨, 대추 2알, 석이 2g, 석류 2작은술, 시럽 적당량
만드는 법	1 밤은 채 썰고, 대추는 씨를 빼고 돌려 깎은 뒤 채 썬다. 석이는 물에 불려 소금으로 문질러 씻고, 석류는 알맹이를 준비한다.
	2 유자는 윗부분을 잘라 뚜껑으로 만든다. 속을 파내고 씨를 골라낸 뒤 칼로 과육을 다져 유자즙을 만든다.
	3 ①에 유자즙을 넣고 버무린다. 석류는 마지막에 넣는다.
	4 유자에 ③을 넣고 뚜껑을 덮은 뒤 삶은 무명실로 묶는다.
	5 ④에 시럽을 부어 상온에서 1~2일 숙성시킨다(시럽은 물과 설탕을 1:1 비율로 넣고 약한 불에 둔다. 저으면 설탕물이 되니 젓지 않고 만들어 식힌다).
	6 ⑤를 냉장고에 넣어 7~10일 숙성한다.
	7 숙성되면 유자단지와 시럽을 따로 냉동 보관한다.
	8 유자단지는 4~6등분한 뒤 시럽에 물을 적당히 타서 먹는다.
하나 더	석류는 마지막에 넣어야 터지지 않는다.
효능	면역력을 높이고, 노화 방지와 피부 미용 효과가 있다. 기침, 감기 등에 좋다.

1	2	3	4
5	6	7	8
9	10	11	12
13	14	15	16

1 잘 익은 유자를 고른다.

2 재료(유자, 대추, 밤, 석이, 석류, 설탕)와 무명실을 준비한다.

3 유자는 우둘투둘한 껍질을 얇게 깎아낸다.

4 ③은 윗부분을 잘라 뚜껑으로 만들고 속을 파낸다.

5 뚜껑이 섞이지 않게 조심해야 크기가 맞다.

6 석류는 알맹이를 뺀다.

7 대추는 씨를 빼고 채썰기 한다.

8 밤은 껍질을 벗기고 채썰기 한다.

9 석이는 물에 불려서 꼭지 쪽을 소금으로 문질러 씻는다.

10 ⑨는 물기를 빼고 채썰기 한다.

17	19
18	
	20

11 유자 속은 씨를 골라내고 곱게 다진다.

12 손질한 재료 한눈에 보기.

13 ⑫에 설탕을 넣고 버무린다. 석류는 터지지 않게 마지막에 넣는다.

14 유자에 ⑬을 넣는다.

15 유자 뚜껑을 닫고 무명실로 묶는다.

16 무명실로 묶은 유자.

17 ⑯에 시럽을 끼얹어 숙성시킨다.

18 ⑰은 시럽과 유자단지를 따로 냉동 보관한다.

19 먹기 전에 냉동한 유자단지를 4~6등분한다.

20 ⑲에 시럽을 부어서 먹는다.

유자병차

유자에 잎차를 넣은 차다. 감기에 좋은 돌배와 구기자, 모과, 박하, 도라지, 더덕, 대추를 넣어도 된다. 밤과 대추, 호두, 은행, 생강을 넣어도 된다. 병차는 쪄서 만든 차다. 《조선왕조실록》에 정조의 어머니 혜경궁홍씨가 즐겨 마셨다는 기록이 있다. 아홉 번 찌고 말려서 곶감처럼 매달았다.

재료	유자 적당량, 잎차(녹차, 황차, 차풀 등) 적당량, 돌배 5, 구기자 1, 모과 1, 박하 1 비율
만드는 법	1 유자는 윗부분을 잘라 뚜껑으로 만들고 속을 파낸다. 과육을 다져 유자즙을 만든다.
	2 잎차는 유자즙을 질퍽하지 않게 넣고 버무려 유자 속에 담는다. 나머지 재료는 즙에 버무리지 않고 끼리끼리 넣는다.
	3 ②를 4~5분 찐 뒤 쟁반으로 누르고 묵직한 것을 올린다. 납작해지면서 유자의 맛과 향이 스민다.
	4 ③이 식으면 실로 묶는다.
	5 7일마다 찌고 말리기를 9번 되풀이한다. 실이 느슨해지면 다시 묶는다. 작아지면 칡으로 묶어도 좋다. 갈수록 까매지고 딱딱해진다.
	6 수분 점검 뒤 보관한다(한지에 싸서 보관해도 된다).
하나 더	1 잎차를 넣은 병차는 깨뜨려 조금씩 우려서 마신다.
	2 약재를 넣은 병차는 통째로 달이거나 우려서 마신다.
효능	기관지와 폐를 튼튼하게 한다. 면역력을 높이고, 노화 방지와 피부 미용에 효과가 있다. 기침, 감기 등에 좋다.
재료 법제	1 돌배는 많이 넣고, 다른 재료는 조금씩 넣는다.
	2 박하가 많으면 다른 재료의 향이 죽는다.
	3 유자 속에 들어가는 재료는 편편하게 넣는다(많이 넣으면 우릴 때 불어서 터진다).
	4 밤은 속껍질(율피)과 함께 잘라 덖어서 쓴다.
	5 은행은 볶아서 쓴다.

1　재료(잎차, 구기자, 돌배, 모과, 박하) 한눈에 보기.

2　법제한 구기자를 덖는다.

3　돌배를 손으로 자른다.

4　말린 모과를 자른다(덖은 모과차를 쓰면 된다).

5　박하는 말린 걸 자른다.

6　유자는 윗부분을 잘라 뚜껑으로 만들고 속을 파낸다.

7　파낸 유자 속을 모은다.

8　소쿠리에 받쳐서 유자즙을 걸러낸다.

9　⑧에 잎차를 넣고 버무린다.

10   유자에 ⑨를 넣는다. ②∼⑤도 유자에 넣는다.

11   ⑩은 뚜껑을 닫고 찐다.

12   ⑪은 무명실로 묶어 말려가며 주 1회씩 9번 찐다.
        실이 느슨해지면 다시 묶는다.

13   유자병차. 매달아서 말리다 수분 점검을 한 뒤 병에 보관한다.

유자쌍화차

유자와 쌍화탕 재료를 더하면 유자쌍화차다. 탕은 달여서 먹는 약, 차는 우려서 먹는 마실 거리다. 예전에 다방 쌍화차를 먹어봤다. 잣과 달걀노른자가 동동 뜬 차는 보약 같았다. 사물차(당귀, 백작약, 숙지황, 천궁)에 감초와 계피, 대추, 생강, 황기 등을 넣어 쌍화차를 만든다. 쌍화차에 사군자차(인삼, 백출, 복령, 감초)를 보태면 십전대보차가 된다.

재료	유자 적당량, 당귀 3, 백작약 3, 숙지황 3, 천궁 3, 대추 3, 생강 3, 황기 3, 감초 2, 계피 2 비율, 꿀 적당량, 청주 적당량
만드는 법	1 유자는 윗부분을 잘라 뚜껑으로 만들고 속을 파낸 뒤 찐다. 2 법제한 재료를 모두 잘라서 덖는다(인삼, 백출, 복령, 감초, 대추 등을 넣어도 된다). 3 유자에 ②를 넣고 삶은 무명실로 묶어 말린다. 실이 느슨해지면 다시 묶는다 (칡을 갈라서 매달아도 좋다). 4 여러 번 달여 마신다.
하나 더	약재는 손질해서 법제해두면 좋다.
효능	간을 튼튼하게 하고, 혈액순환에 도움이 된다. 면역력을 높이고, 피로 회복에 좋다.
재료 법제	1 숙지황은 지황을 막걸리에 쪄서 말린다. 2 천궁은 약한 불에 볶는다(쌀뜨물에 하루 담갔다가 찬물에 씻어 말려도 된다). 3 당귀는 몸통을 청주에 1~2시간 담갔다가 찐다. 4 백작약은 노릇해질 때까지 볶는다(청주에 2~4시간 담갔다가 중간 불에서 노릇하게 볶아도 된다). 5 계피는 코르크층을 벗긴다. 6 황기는 꿀물(꿀 1, 물 2)에 재었다가 노릇하게 굽는다(꿀에 버무려 볶아도 된다). 7 생강은 얇게 썰어 말린 것(건강)을 쓴다. 8 대추는 씨를 빼고 돌려 깎은 뒤 적당히 자른다. 9 인삼은 노두를 자른다. 그냥 두면 기운이 위로 몰려 구토할 수 있다. 10 백출은 쌀뜨물에 한나절 담갔다가 건져서 약한 불에 볶는다. 노릇해지면 물을 조금 부어 식힌 뒤 그늘에서 말린다. 11 감초는 노릇하게 볶는다. 12 복령은 가루 내어 물에 탄 뒤 위에 뜨는 붉은 막을 걷어내고 앙금만 말린다 (그대로 써도 된다).

1 유자는 윗부분을 잘라 뚜껑을 만들고 속을 파낸 뒤 찐다.
2 ①은 말린다.
3 재료(당귀, 백작약, 숙지황, 천궁, 대추, 생강, 황기, 감초, 계피, 백복령, 인삼) 한눈에 보기.
4 감초는 잘라서 덖는다.
5 계피는 코르크층을 벗기고 자른다.
6 당귀는 청주에 담갔다가 찌고 자른 뒤 건조한다.
7 백작약은 청주에 담갔다가 자른 뒤 건조한다.
8 생강은 말린 걸 자른다.
9 숙지황은 자른다.

10 천궁은 청주에 담갔다가 잘라서 건조한다.

11 법제한 ④～⑩을 섞어서 덖는다.

12 황기는 꿀에 버무려 볶는다.

13 법제한 ⑪, ⑫를 유자에 넣는다.

14 유자 뚜껑을 덮고 실로 묶는다.

15 가는 칡 줄기를 준비해 씻는다.

16 ⑮를 4갈래로 찢는다.

17 유자 뚜껑을 덮어 ⑯이나 무명실로 묶는다.

18 유자쌍화차. 매달아서 말린 뒤 병에 넣어 보관한다.

육미지황환

육미지황환은 간과 신장에 기를 돋우고, 보하는 효능이 있다. 재료를 법제하고 가루 내어 환을 만든다. 환으로 만들지 않고 차로 우려도 된다. 법제는 품도, 시간도 많이 든다. 조물조물 환을 빚으며 정성이라는 단어가 생각난다. 마음 맞는 사람들과 놀이처럼 하니 재미있다. 환을 한 알 먹는데 주고 싶은 얼굴들이 떠오른다.

재료 숙지황 16g, 마 8g, 산수유 8g, 목단피 6g, 택사 6g, 복령 6g, 청주 적당량, 막걸리 약간

만드는 법
1 마(산약)는 청주에 담갔다가 다시 술로 찌고 말린다(말려서 볶아도 된다).
2 산수유는 청주에 담갔다가 쪄서 말린다(청주에 씻은 뒤 쪄도 된다).
3 목단피(모란 줄기 껍질)는 목심을 없애고 말린 것을 청주에 담갔다가 볶는다.
4 택사는 청주에 담갔다가 다시 청주로 찌고 말린다(말려서 볶아도 된다).
5 복령은 막걸리에 담갔다가 말린다(그냥 써도 된다).
6 법제한 ①～⑤를 자르고 섞어서 덖는다.
7 숙지황을 뺀 재료를 모아 가루 낸다.
8 지황을 막걸리에 담갔다 찌고 말린 숙지황은 자른 뒤 물을 붓고 끓인다.
9 ⑧을 으깬다.
10 ⑨에 ⑦과 꿀을 넣고 반죽해서 환을 빚는다.

하나 더 육미지황환은 하루에 6g 이내로 먹는다.

효능 눈을 밝게 하고, 간과 신장을 튼튼하게 한다. 고혈압, 부종 등에 좋다.

1 재료(숙지황, 마, 택사, 목단피, 복령, 산수유) 한눈에 보기.

2 마는 청주에 담근다.

3 ②를 잘라서 건조한다.

4 목단피는 자른다.

5 ④를 덖는다.

6 복령은 자른다.

7 산수유는 청주에 담갔다가 쪄서 건조한다.

8 택사는 청주에 담갔다가 잘라서 건조한다.

9 법제한 ③, ⑤∼⑧을 섞어서 덖는다.

7	8	9
10	11	12
13	14	15

10 ⑨를 가루로 만든다.
11 숙지황은 자른다.
12 ⑪에 물을 넣고 끓인다.
13 ⑫를 으깬다.
14 ⑬에 ⑩과 꿀을 넣고 반죽한다.
15 ⑭를 떼어 환을 만든다.

윤폐익기차 · 다식

폐를 윤택하게 하고 기운을 돋워서 윤폐익기차다. 맛있는 날이다. 은행을 볶으며 먹고, 맥문동을 덖으며 먹고, 연 씨를 덖으며 또 먹는다. 먹으려고 만드는 차, 나중보다 지금이 소중하다. 놀며 웃으며 함께하니 놀이다. 다식이 더 맘에 든다. 동그란 리치를 보약 고명에 도르르 굴리니 몸에 좋고 귀여운 다식이 뚝딱 만들어진다.

재료	은행 10알, 백합 40g, 맥문동 15g, 흰목이 2g, 꿀물 적당량
만드는 법 _ 윤폐익기차	1 은행은 볶는다. 하루에 많이 먹지 않는다. 2 백합은 꿀물에 담갔다가 덖는다. 3 맥문동은 심을 뺀 뒤 덖는다. 4 은이버섯이라고도 하는 흰목이는 잘게 부순다. 5 ①~③을 맥문동을 덖다가 마지막에 ④를 넣는다.
만드는 법 _ 다식	1 은행, 연 씨(연자) 등을 볶아서 빻는다. 2 리치(용안육)를 뭉쳐서 찐다. 3 ②에 ①을 고명으로 입힌다. 4 차 마실 때 곁들여 낸다.
하나 더	윤폐익기차를 가루 내어 그냥 먹거나, 물에 타서 먹어도 된다.
효능	폐를 튼튼하게 하고, 기운을 돋운다.

1	2	3
4	5	6
7	8	9

1 재료(은행, 백합, 맥문동, 흰목이, 연자) 한눈에 보기.

2 맥문동은 잘게 자른다.

3 ②를 덖는다.

4 마른 백합은 꿀물에 담갔다가 자른다.

5 ④를 덖는다.

6 은행은 껍질을 벗기고 자른다.

7 ⑥을 덖는다.

8 흰목이는 잘게 자른다.

9 ③, ⑤, ⑦을 섞어서 덖다가 마지막에 ⑧을 넣고 덖는다.

10 11 12
13 14 15
16 17 18

10 저온에서 뚜껑을 덮고 수분 점검을 한다.

11 윤폐익기차. 병에 넣어 보관한다.

12 다식에 쓸 연자는 볶는다.

13 ⑫를 빻는다.

14 말린 리치를 준비한다.

15 ⑭를 조물조물해서 동그랗게 뭉친다.

16 ⑮을 살짝 찐다.

17 ⑯에 연자, 은행 등을 가루 내서 고명을 입힌다.

18 다식. 차 마실 때 곁들여 낸다.

측백예단차 · 다식

측백나무 잎이 들어가고, 마시면 마음이 편해져 예쁜 단잠을 잔다고 측백예
단차다. 측백나무 잎은 막걸리에 담가 법제한다. 전에 살던 곳은 측백나무 울
타리가 있었다. 측백나무 잎을 비비면 싱그러운 냄새가 나서 좋았다. 열매가
벌어지면 씨를 까먹었다. 덜 익은 열매를 주머니에서 만지작거릴 때마다 측
백 향이 났다.

재료	측백나무 잎 2, 산조인 1, 리치 1 비율, 막걸리 적당량
만드는 법 _ 측백예단차	1 말린 측백나무 잎을 막걸리에 담갔다 찐다(청주를 써도 된다).
	2 ①은 수분을 빼고, 고온에서 충분히 덖은 뒤 식힌다.
	3 산조인은 고온에서 볶고, 리치는 잘게 자른다.
	4 ②에 산조인을 넣고 고온에서 덖다가, 리치를 넣고 덖는다.
만드는 법 _ 다식	1 리치를 적당한 크기로 뭉친다.
	2 고명이 잘 묻게 ①을 살짝 찐다.
	3 측백나무 잎 가루, 귤 속껍질(귤껍질 차를 덖을 때 떨어진 가루를 모은 것) 등 준비한 고명을 입혀서 다식을 만든다.
하나 더	리치에 갖은 고명을 입히면 맛있고 영양 많은 다식이 된다.
효능	심신을 안정시킨다. 불면증, 스트레스 등에 좋다.

1	2	3
4	5	6
7	8	9

1 말린 측백나무 잎을 막걸리에 담근다.
2 ①을 건조한다.
3 ②를 덖는다.
4 산조인을 볶는다.
5 ③에 ④를 넣고 덖는다.
6 리치는 자른다.
7 ⑤에 ⑥을 넣는다.
8 ⑦을 골고루 섞어서 덖는다.
9 측백나무 잎을 덖을 때 나오는 가루는 따로 모은다.

10 측백예단차. 병에 넣어 보관한다.

11 마른 리치를 준비한다.

12 ⑪을 작고 동그랗게 뭉친다.

13 ⑫를 살짝 찐다.

14 ⑬에 ⑨를 입힌다.

15 ⑬에 귤 껍질차 덖을 때 모아둔 가루를 입힌다.

16 다식. 차 마실 때 곁들여 낸다.

찾 아 보 기

누구나 쉽게 배우는

행복한 꽃차 만들기

펴낸날 2018년 3월 5일 초판 1쇄
2019년 3월 20일 초판 2쇄
지은이 이영득 · 고찬균
만들어 펴낸이 정우진 강진영 김지영
꾸민이 Moon&Park(dacida@hanmail.net)
펴낸곳 (04091) 서울 마포구 토정로 222 한국출판콘텐츠센터 420호 도서출판 황소걸음
편집부 (02) 3272-8863
영업부 (02) 3272-8865
팩 스 (02) 717-7725
이메일 bullsbook@hanmail.net / bullsbook@naver.com
등 록 제22-243호(2000년 9월 18일)
ISBN 979-11-86821-14-5 13570

황소걸음
Slow&Steady

이 도서의 국립중앙도서관 출판시도서목록(CIP)은 서지정보유통지원시스템 홈페이지(http://seoji.nl.go.kr)와
국가자료공동목록시스템(http://www.nl.go.kr/kolisnet)에서 이용하실 수 있습니다.
(CIP제어번호 : CIP2017027620)